新装版

外資系コンサルが教える
プロジェクトマネジメント

山口周

大和書房

はじめに

こんにちは、山口周です。

いきなりですが、筆者は、今後、すべてのビジネスパーソンにはプロジェクトマネジャーとしての力量が求められるようになるだろうと考えています。

これまでのように安定的な事業環境下であれば、ホワイトカラーの仕事の多くは、決められたルールやマニュアル通りに仕事をこなす、いわゆるルーチンワークをしっかりやっていれば良かったわけです。

階級を設けて上から順に意思決定の連鎖をしていく組織を官僚型組織といいます。皆さん自身は意識していないかもしれませんが、日本の企業の99％は官僚型組織の形態を採用しているのです。この官僚型組織における運営の基本は、ルールの規定と権限委譲になります。これは、ルールを決めた上で、「ルールが適用できる範囲内では自分で決めていいよ」と権限を委譲することで組織としての効率を高めるという考え方であり、ルールでは処理できない時だけ、上司に相談すればいいわけです。

こういう組織では、実直に、正確に、迅速に、ルール通りに業務を処理する人が

「有能だ」と評価されてきました。組織内でこういう人たちが出世して経営のトップになれば、上からルールを与えてくれる人はいなくなります。そうすると今度は業界団体や財界といった仲間同士でいろいろなルールを決めるわけです。この仕組みは高度経済成長から一九九〇年代の初頭くらいまで、とてもよく機能しました。世の中の変化がそれほど激しくなかったので、規定されたルールに基づいて仕事や経営をしていれば大きな問題はなかったのです。

　ところが、ここ十年ほど、この仕組みはいろいろなところで破綻しつつあります。状況の変化が早すぎて、ルールでは対応できない事象が発生する頻度が上がりすぎているからです。このような状況下では、ルールに判断基準をおいて目の前の仕事を処理していくような業務能力はまったく無価値になります。ルールでは判断できないような例外事象が次々に起こる中で、目的と価値観に立脚して、自分の判断で物事を進めていく能力、ひとことで言えば、プロジェクトマネジメントの能力が必要になるのです。

　こういった変化があらゆる産業で起こっているにもかかわらず、この変化に対して人事も当のビジネスパーソンもそれを認識できていない。たとえば、未だに大手企業の新卒採用では学歴偏重の傾向が改まりませんが、これなどはわかりやすい証拠でしょう。受験勉強というのはまさに過去の官僚型組織における仕事のやり方と同じです。あらかじめ決められたルールの通りに、与えられた問題を解くわけで、こういうことに長けている人を企業が未だに欲しがるのは、日々の仕事の特性が「手続き処理型の仕事」から「プロジェクトマネジメント型の仕事」へとシフトしていることをしっかりと認識できていない証拠です。

筆者自身は、社会人になってからの十年を広告代理店の電通で、その後の二十年を外資系コンサルティングの業界で過ごしてきました。今となっては「ラッキーだった」というべきなのでしょう。やってきた仕事は、徹頭徹尾、プロジェクトマネジメントです。広告代理店もコンサルティング会社も、いわゆるルーチンワークがほとんどない職場ですから、時間の90%は、その時その時で関わっていたプロジェクトに投下してきました。

その経験から読者の皆さんにぜひお伝えしておきたいのは、仕事が「手続き処理型」から「プロジェクトマネジメント型」に変わると、人生はとても楽しくなる、ということです。手続き処理型の仕事には、自分の個性を出せるスキマはほとんどありません。ルール通りにやるか、上司に伺いを立てるかしかないのですから、「自分の色」を仕事で出す機会はほとんどない。一方で、プロジェクトマネジメント型の仕事では、仕事そのものが自分の作品になります。「社会彫刻」という概念を提唱して、世の中の人はすべてアーティストであるべきだと主張したのは現代芸術家のヨーゼフ・ボイスですが、仕事という作品を通じて社会と関わりを持てるアーティストになり得るのです。

本書では、筆者自身が経験から学んだ、プロジェクトマネジメントにおける「すべし」と「すべからず」について、思いつく限りのポイントを解説しています。この本を通じて、皆さん自身が、日々の仕事を「手続き処理型」から、「プロジェクトマネジメント型」に変えていくきっかけをつかんでくれれば、とても嬉しいと思います。

それでは、始めましょう。

外資系コンサルが教える
プロジェクトマネジメント

目次

第1章

プロジェクトは始まる前にすべてが決まる

第2章

プロジェクト序盤に注意すべきこと

第3章

プロジェクトをうまく「着陸」させる

第4章

計画を成功に導くリーダーシップ

第1章

プロジェクトは始まる前にすべてが決まる

「勝てるプロジェクト」を見極める

筆者はコンサルタントという仕事をすでに十年以上続けていますが、プロジェクトを炎上させたことが一度もありません。

こう書くと、ではプロジェクトマネジメントに何か特殊なテクニックを使っているのかと思われるかもしれませんが、そういうわけではありません。

筆者とプロジェクトをしょっちゅう炎上させている人とのあいだに、「プロジェクトマネジメントのスキル」について、何か大きな違いがあるとは思えません。

ではどこに違いがあるのかというと、「プロジェクトの目利き」に違いがあるのだろうと思っています。

端的にいうと、筆者は「**確実に成功が見込めるプロジェクトだけをやってきた**」ということです。「確実に成功が見込めるプロジェクト」では、ちょっと定義が長いのでここから先は短く「勝てるプロジェクト」と短縮しましょう。「勝てるプロジェクト」を見極めて、そこに自分の身を置く。これが、プロジェクトリーダーとして成功するための最初のポイントになります。

「なぁんだ、そんなことか」と思われましたか？　でも、これは軍事でもマーケティングでも基本的に同じことです。

たとえば、連戦連勝で知られた「作戦の天才」ナポレオン・ボナパルトのその「強さ」の秘密について、十九世紀プロイセンの軍事学者で『戦争論』の著者であるクラウゼビッツは端的に「勝てる闘いしかやらなかったから」と指摘しています。

有名なのはトゥーロン港の攻防でしょう。一七九三年、重要拠点であるトゥーロン港をめぐって英仏両軍は消耗戦をくり返していました。ここで若きナポレオン（当時二十四歳）は、トゥーロン港を直接攻撃するのではなく、トゥーロンの内港と外港をつなぐ位置にあるレギエットの要塞を攻略し、イギリス軍にとって不可欠な海からの補給を断つという作戦を将軍に進言したのです。

この進言は、一度は断られたものの最終的には採択され、フランス軍は勝利します。この功績によりナポレオンは一気に准将まで昇進します。

「勝てない闘い」を避け、「勝てる」かつ「意味がある」戦場を見つけ出す。これがナポレオンのやったことでした。

NHKの「プロジェクトX」などを見ていると、「不可能を可能にする」ようなリーダー達が次々に登場してきますが、こういった人物は一種のファンタジーであって、００７シリーズのジェームズ・ボンドのようなものだと思っていた方が良いでしょう。

不可能に挑んでこれを可能にした、という一人のリーダーに光を当てれば、その陰に同じことをやろうとして失敗した数百倍、数千倍の屍《しかばね》は目に入りません。だからこそ彼らはテレビ番組で取り上げられるわけで、現実の世界でプロジェクトを着実に成功に導くリーダーというのは、ああいった派手なものではありません。

いわゆる「勝ち筋」を見いだして、その筋に沿ってプロジェクトの計画と体制を整える。とても地味だし、周りから見てみれば「成功して当たり前だよね」と感じられるものです。

しかし、ここにこそスゴさがあるのです。

「成功して当たり前だよね」というプロジェクトをこなして、毎回成功させ続ける人と、しばしば炎上している人との違いは、プロジェクトマネジメントの巧拙《こうせつ》によるのではなく、最初の「勝てるプロジェクトかどうか」の見極めによっている、と筆者は思います。

「勝てないプロジェクト」を見極めるチェックポイント

ニヒリズムとは何を意味するのか？——至高の諸価値がその価値を剝奪されるということ。目標が欠けている。「何のために？」への答えが欠けている。

フリードリッヒ・ニーチェ『力への意志』

プロジェクトを成功に導くための最初のポイントは「勝てるプロジェクト」を見極めることと前項で述べました。では、どうやったらプロジェクトの勝算を見極められるでしょうか？

最初に指摘したいのが「**目的が不明確なプロジェクトはポシャる可能性が高い**」ということです。

たとえば「複線型人事制度を導入する」「サプライヤーを集約する」「管理会計システムを導入する」などは、すべて「手段」であって「目的」ではありません。ところが、日本企業ではこの「手段」ばかりが議論される一方で、「なんのためにやるのか」という「目的に関する議論」がスッポリと抜け落ちていることが少なくありません。では「目的」がないと何がマズいのか。「目的」がないと、大きく二つの問題が起きます。

一つ目。「目的」が明確に設定されていない場合、プロジェクトに問題が起こったときに迂《う》回路《かいろ》を取れないという問題が発生します。

目的が明快であれば、当初やろうとしていた手段に問題があるとわかった場合、別の手段を採用してでも結果的に目的が達成できれば問題ありません。ところが、目的が明確化されずに単に手段だけが合意されている場合、手段に問題があるとわかったときに、とたんにプロジェクトが暗礁《あんしょう》に乗り上げてしまうのです。

二つ目。チームメンバーの管理が難しくなります。

プロジェクトメンバーに自己裁量を委ねて実力を発揮してもらうためには「○○をやれ」という具体的な行動の指示命令ではなく、「○○を達成しろ」という目的を伝達することが必要です。

これはよく言われる「壁と大聖堂」のたとえ話です。

中世の時代、大聖堂を建築するための現場リーダーが三人いました。一人は「朝現場に来たら、夕方までここにレンガをひたすら積め。毎日ちゃんと朝来い」と指示します。もう一人は「君には高さ15メートル、幅50メートルの壁をつくって欲しい。期限は半年間だ」と指示します。そして最後の一人は「ここに大聖堂を建てて苦悩している人が集まれる場所をつくろう。君には西側の壁をつくって欲しい。これが完成予想図だからこれを見て東側の壁を担当する人と連携して欲しい」と伝えます。

どのリーダーの下で働くスタッフが、動機付けられ自己裁量を発揮して創意工夫しながら良い仕事をしてくれるか、比べるまでもありません。

気をつけなければいけないのが、たとえば「複線型人事制度の導入」や「シェアードサービスセンターの設置」といった、一見するとまともそうな目的が設定されている状況です。確かに、これはこれで目的と言えなくもないのですが、重大なポイントが抜けています。

それは**「何のために？」という疑問に対する答え**です。ビジネスでは往々にして「手法」に議論が集中しがちです。先述した「複線型人事制度」も「シェアードサービスセンター」も、それ自体としては単なる手法でしかありません。

「何のために？」があやふやな状態で、複線型人事制度を採用しようとしている人に「何のために？」と問うた場合、往々にして以下のようなやりとりが展開されます。

「複線型人事制度への移行が、今回のプロジェクトの目的です」

「目的はわかりました。でも、それってそもそも何のためにやるんですか？」

「それはつまり、多様な働き方への対応とか……。これから管理職になれない人も増えてくるし……」

「であれば、多様な働き方を受容できる組織にする、と目的を変えてもらえませんか？」

「いや、この目的自体はもう執行役員会で認められてしまったので、今から変えるのは……」

「そうですか。いずれにせよ、必ずしも管理職になるだけがキャリアの道ではないという前提で、多様な会社との関わり方を受容できるような懐の深い人事制度や仕組みを検討し、導入するというのが目的だということですね」

「まあ、そういうことになりますね」

世の中には、実際には「目的」になっていないにもかかわらず、「目的」として掲げられている「手法」があまりにも多い。こういった、一見「目的」らしいお題目の化けの皮を剝《は》ぐには、先ほどのように「そもそも、何のためにやるのか？」という質問をしてみると良いでしょう。

ここで明確な答え、共感できるようなまっとうな回答が得られない場合、そのプロジェクトは大変危険か、あるいはつまらないかのどちらかだということになります。

大事なのは「手法」ではなく「問題」であるはずです。

「問題」とは「現状と理想のギャップ」ですから、「問題」を議論するということは「何を、どう変えたいのか」ということを議論するということです。その点がはっきりすれば、プロジェクトの目的として「何のために」という答えをはっきりと語ることができるようになります。

この「何のために」という答えを、目の前の地面の上に据えておかないと、人はどうしてもどこかでシラケてしまい、熱量を維持することができなくなります。

ニーチェに学ぶ「何のために」の必要性

本項冒頭で、ニーチェの『力への意志』にある、有名なニヒリズムに関する定義を抜粋してきました。ニーチェが指摘したこの言葉は、必ずしも筆者と同じ文脈で用いられているわけではないので、近代哲学に通じている人の中には、ここで引用することを適切ではないと感じる方もいらっしゃるかもしれません。

しかし、それでも僕は、ニーチェの残したこの箴言《しんげん》そのものに、インスパイアされる人が今の日本には多いのではないかと思うのです。

今、この国全体を覆っている大きな虚無感はなんなのでしょうか？　明治維新からこの国の人々を動機付けていた「経済的成功＝幸福の実現」という大きな物語が嘘だったということがはっきりとわかっている中で、誰もそれを「みんな嘘だったんだぜ」と声高には言いません。そのような状況にもかかわらず、一応の建前として「経済成長」を金科玉条《きんかぎょくじょう》として掲げている社会、そして自分に対するシラケが、この閉塞感の要因であることは、多くの人が感じているのではないでしょうか？

今日の日本において、今取り組んでいる仕事に対して「何のために」という答えを持っていて、かつそれに共感しているという人がどれくらいいるのでしょうか。

目的を持たない組織はやがて必ず消滅することになりますし、目的を持たないプロジェクトが成功することは絶対にありません。

プロジェクトの開始段階で、プロジェクトの鍵となるステークホルダーが、この問い、つまり「このプロジェクトは何のためにやるのか？」という問いに答えられないような場合、おそらくそのプロジェクトはやがて炎上し、空中分解することになります。

ちなみに、筆者の経験から言えば、「これって、そもそも何のためにやるんですか？」という質問は、プロジェクトの初期段階だけでなく、停滞している状況を打開する際にも有効な質問です。

先述した通り、世の中のプロジェクトが掲げている「目的」の多くは「目的のふりをした手法」でしかありません。

プロジェクトが停滞しているというのは、この手法の導入や実践がうまくいっていないということですが、そういう状況において、問題を「手法の導入」に限定してしまうとなかなか打開策が見えてきません。

そんな時は、いったん手法論から離れて、「そもそも解決したい問題は何なのか？　何のためにもともと始めたことなのか？」という「問い」に関係者の意識を振り向けることで、もっと簡単な解決策が思い浮かぶことがあります。

　手法の導入に意識を集中してしまうと、どうしても、思考の幅が限定されてしまうことになります。プロジェクトが停滞してしまっている時は、「そもそも何をやろうとしていたのか？　何のためにやっているのか？」という問いを改めて投げかけてみると良いでしょう。

　まとめましょう。目的が曖昧なプロジェクトは非常に危険です。炎上するか、しないにしても手続き的でつまらないケースが多い。

　注意しなければならないのは、一見すると「目的」らしいのだけれど、実際のところ「何のためにやるのか」という問いに対する答えになっていない目的、「目的のふりをした手法」が多いということ。

　本当の意味での「目的」を明らかにするためには、「目的」を訴える人に対して、「それってそもそも何のためにやるんですか？」と問いかけてみると良いということです。

プロジェクトの成否の半分は「人選」で決まる

「まず人選ありき（ファースト・フー）」。適材をバスに乗せ、適所に座らせ、「不適材」をバスから降ろす。そうすればおのずとバスの行き先は決まります。

ジェームズ・C・コリンズ

著述家のジェームズ・C・コリンズはその著書『ビジョナリー・カンパニー2』（日経BP社）の中で、一般には「良い経営計画があって、それに沿って適した人材が集められ、結果として事業が成功した」と考えられているのに対して、成功した事業では多くの場合、「まず優秀な人材が集まり、その人々があああだこうだと議論しているうちになんとなく計画が固まっていき、結果として事業が成功している」ことを指摘しています。

コリンズはこの発見を、「行き先を決め、そのあとでバスに人を乗せるのではなく、まずバスに優秀な人材を乗せ、とりあえず発車させる」というたとえで表現しています。

コリンズが指摘しているのは、要するに「計画が先、人材が後」という一般的によく知られている考え方は誤りであり、「**人材が先、計画が後**」だということです。

筆者は、同様のことがプロジェクトマネジメントについても言えると考えています。

「良い人材を集めてチームが組めれば、それだけでプロジェクトの成功確率はグッと高まる」

こう書けば「それは当たり前のことだろう」と思われるかもしれませんが、この事実はよくよく肝に銘じておく必要があります。

というのも、多くのプロジェクトリーダーは、優秀なメンバーを確保するための努力をせずに、上からの指示で割り当てられたメンバーを所与のもの、仕方がないものとしてそのまま受け入れてしまう傾向があるからです。

プロジェクトに必要な人材の質と量に対して、ちょうど１００％になるようなチーム体制では必ず破綻します。

なぜなら、危機対応できないからです。

プロジェクトに必要とされる人材の質的・量的な要件というのは、プロジェクトが定常飛行をしている状況を前提にしています。

ところが、プロジェクトというのは大抵の場合、何らかの想定外の事象が発生するわけです。この想定外の時、ギリギリのメンバー構成では対処できず、プロジェクトが破綻することになります。

プロジェクトメンバーの質と量とが、プロジェクトが要求する水準に対してちょうど１００％だと思われる時は、それをすんなり受け入れてしまってはいけません。「このメンバーでは戦えません。ぜひ〇〇さんをください」と交渉しなければならないのです。

成功も失敗も、リーダーの評価になる

ここまで読んで、おそらく多くの方は「みんな少ない人員数でなんとか戦っているのに、自分だけがそんなことを言うとわがままだと思われるのではないか」とか「現在の状況を考えたら、そんなことを言ってもどうせ受け入れてもらえないだろう」と思っているのではないでしょうか。

気持ちは大変よくわかるし、自分自身もかつてはそう思って、メンバー増員の申し

出を思いとどまったこともありました。しかし、僕自身の経験から言えば、こういう時に何も言わないのはトータルで考えれば損だろうと思っています。理由は大きく二つあります。

一つ目。メンバーの増員や交代を申し出ていようがいまいが、**プロジェクトが成功すればそれはリーダーの評価になり、失敗していればやはりリーダーの評価になる**からです。

あなたが仮に、このメンバーでは戦えないな、と思いながらも、周囲にはばかってメンバーの増員や交代を申し出なかったとしましょう。

結果として、プロジェクトが頓挫《とんざ》する、あるいはテコ入れが必要な状況が発生した場合、その時に「最初から、このメンバーでは戦えないなと思ってたんです」と周囲に言うのは逆効果です。周りからは「はあ？　今さら何言ってんだ、こいつ。だったら最初に言えよ」という反応が返ってくるだけで、むしろ言わない方がいいくらいでしょう。

一方、同じ状況で、メンバーの増員や交代をプロジェクト開始前に交渉していたとしたらどうでしょうか。

確かに、その時は「うーん……うるさい奴だな」と思われるかもしれませんが、結果的にプロジェクトが成功すれば、それはすべて水に流されるのです。プロジェクトの成功・失敗は、理由が何であれ、すべてプロジェクトリーダーの履歴に残り、その記録は同じ会社にい続ける限り風化することはありません。

よく「何度でもやり直せる」とか「失敗は成功の母」などと言われますが、こういった言われ方は、限定的な条件下においてのみ成立するということを忘れてはいけません。

限定的な条件というのはつまり、所属する人間関係から離れることができれば、ということです。

成功した経営者やビジネスパーソンのキャリアを調べるのは僕の一種の趣味になっているのですが、こういったキャリアを横に並べてみると二つの特徴が浮かび上がってきます。

一つは、どこかでキャリアの転機となるような失敗や試練を経験しているということ。もう一つは、その試練となった場所から転じて人間関係をリセットしている、ということです。

この転機は必ずしも転職を意味しないのですが、たとえば大きな会社であれば別の事業部に異動する等、要するに「印象や噂」が希薄化されるような所属コミュニティの転換が行われている、ということです。このことは、キャリアや仕事の成功における「印象」の重要性を示唆しています。

人間は、一般に私たちが考えている以上に、「印象」によって人の評価を左右しています。印象は何によって決まるか？　様々な研究が行われていますが、ひっくるめて言えば「パッと見」と「噂」です。

ずいぶんいい加減に思えるでしょうし、場合によっては「自分だけはそんなことはない」と反論したくなる人もいるかもしれません。

でも、多くの研究は、「**人間は驚くほど印象に左右されやすい生き物である**」ということを示しています。たとえば、社会心理学者のナリニ・アンバディとロバート・ローゼンタールは、臨床心理学、社会心理学にまたがる幅広い分野で、印象の妥当性を調べるメタ分析を行っています。

その結果、五分にも満たない短い時間の振る舞いに対する判断が、その後の人物評価とほぼ一致していることを明らかにしています。

ちょっと脱線しますが、米国において人事制度、とりわけ評価制度に関する手法が異常に発達したのは、こういった認知心理学に関する知見が同国において先端的に発展したことと無関係ではないと僕は思っています。

人の評価があてにならないということが明らかになった以上、人の評価能力に頼るのではなく、制度によって担保しようというのは当然出てくる発想だろうと思うわけです。

話を元に戻しましょう。もともとはプロジェクトの開始段階において、メンバーの質・量が不足していると思うのであれば、それをしかるべき人に訴えてメンバーの交代・増員を交渉するべきだという話をしていました。

その上で、メンバーの交代・増員に関する交渉をすると、「わがままな奴だ」と思われてしまうという懸念はあるものの、トータルで考えてみれば二つの理由から「言った方が得だ」というのが筆者の主張です。

その一つは、プロジェクトが成功すれば、すべては丸く収まり、プロジェクトが失敗すれば、すべてはリーダーの責任になる、ということでした。

関係者の期待値をコントロールする

さて、二つ目の理由は、「**このメンバーでは戦えない**」**と強硬に主張することで、関係者の期待値をコントロールすることができる**ということです。

「このメンバーでは戦えない」と主張することで、周囲の関係者は、プロジェクトの難易度や成功確率に関する楽観的な期待を改め、緊張感を持つようになります。

こうすることで、あとで実際にプロジェクトが危機的な状況になった時に、メンバー増員や交代の交渉をしやすくなるわけです。

逆に、初期段階で何のウォーニングも出していなければ、プロジェクト途中で危機的な状況になった時にメンバーの増員や交代を申し出ると、周囲の関係者は唐突に感じ、プロジェクトが行き当たりばったりに運営されているという印象を与えることになります。

そして先述した通り、この印象は、そのままその人の人物像として定着していくことになります。どちらの方が、大きな視点で考えて自分にとって得かはいうまでもないでしょう。

メンバーの増員や交代を交渉するのは、確かに気の重い仕事です。だからみんなこれを避けて、「まあとりあえず始めてみるか」と自分をごまかしてプロジェクトをスタートさせてしまう。要するに気の重い仕事から逃げているんですね。これは目の前の気の重い仕事を避けて、プロジェクトの成功確率を下げるということに他ならないのです。

リーダーにはプロジェクトを成功させるという責任があります。その責任に向き合う事で「わがままだと思われるかもしれない」などという小さな懸念をぜひ乗り越えて欲しいと思います。

場所をつくる

プロジェクトを開始する段階で、プロジェクトチームのホームともいうべき場所を確保するようにしましょう。

これは、物理的・制度的な制約があって難しいケースも多いのですが、プロジェクトチームのメンバーが常に一緒にいられるかいられないかは、プロジェクトの運営効率に大きな影響をもたらすことになります。いうまでもなく、メンバーが同じ場所にいた方がプロジェクトの運営効率は良い。

なぜかというと、当初想定した通りのプロジェクトロジックでプロジェクトが進行することは、半分くらいのケースでしかありません。残りの半分は、当初立てた計画がまったく役に立たないほど変貌していくことになります。

この際、新たな作業計画書を作って配布する余裕があればいいのですが、多くの場合、そういった余裕はなく、リーダーを含めたプロジェクトメンバーの全員が、相互に連絡を取り合いながら臨機応変に物事を処理していかざるを得なくなります。

この時、プロジェクトメンバー全員が、物理的に一緒にいられるかどうかで、業務効率は大きく変わります。

プロジェクトの作業計画、これは一般にガントチャートやワークプランと言われますが、これは音楽の世界にたとえてみればオーケストラの楽器すべての楽譜が書かれたスコア＝総譜のようなものです。

当初の想定通りにプロジェクトが進めば、各メンバーはスコアに書かれた楽譜を、指揮者を見ながら演奏すればいいわけですが、先述した通り、半数以上のプロジェクトは途中でスコアの修正が必要になります。場合によってはまったく新しいスコアを書かざるを得ない、あるいはスコアそのものがない状態のままで走らざるを得ない状況が発生します。

なぜ、「物理的な場所」が必要なのか

音楽に親しんでいる方はもうピンときているかもしれませんが、この「スコアそのものがない状態で走る」というのはジャズの即興＝インプロビゼーションと同じです。ジャズの即興では、誰か固定的なリーダーがいるわけではありません。その瞬間瞬間の響きやグルーヴが、個々のメンバーのインスピレーションを刺激して、その場その場でリードをとる楽器が変わっていきます。この時に重要になるのが、他の楽器への傾聴力になります。

同様のことがビジネスにおけるプロジェクトでも起こりうることを考えてみましょう。プロジェクトメンバーの仕事は、多かれ少なかれ他のメンバーの仕事と関連しています。

もちろん、ワークプランは、それぞれの仕事の整合性を担保する形で描かれているので、プロジェクトが当初のワークプラン通りに進んでいる限りは、定期的にプロジェクトロジック通りに進行していることを確認すれば良いでしょう。

しかし、先述したような状況、つまりプロジェクトの計画がそもそもご破算になってしまい、スコアのない状況でそれぞれが仕事を遂行していかなければならないような状況となった時は、他のメンバーが今どのような状況に置かれていて、そこで何をしようとしているのか、その瞬間瞬間の判断に合わせて、自分たちの判断や行動を変えていくことが必要になります。

これを、物理的に同じ場所にいない状況でやろうとすれば膨大なコミュニケーション労力がかかることは容易に想定されるでしょう。

プロジェクトが当初の想定通りの論理で進むことを前提にしている限り、プロジェクトメンバーが物理的に同じ場所にいることのメリットはあまり感じられないかもしれません。

しかし、プロジェクトの難易度が高くなればなるほど、当初の想定通りにはいかない局面が必ず出てきます。この時、あらゆる変化に対してリーダーがプロジェクトロジックを書き換え、それを他のメンバーに指示していくというのは非効率を通り越して不可能だと言えます。

プロジェクトの目的を明確化する

フランスの文学者で『星の王子さま』の著者であるアントワーヌ・ド・サン・テグジュペリは「もし船を造りたいのなら、男たちをかき集めて森に行かせ、木を集めさせ、のこぎりで切って厚板を釘で留めさせるのではなく、海へ漕ぎ出したいという願望を男たちに教えねばならない」と書いています。

このたとえは、どのようにして「意思の力」を生み出すかについて、いつの時代も変わらない真実を伝えてくれているように思えます。

そもそも、「リーダーの仕事とは何か？」という問題を考えてみましょう。

リーダーは夢を見る力を部下やプロジェクトのメンバーに持たせなければなりません。多くのマネジャーは日常の繰り返しに囚われています。彼らには夢を見る時間がないのです。

東京大学の名誉教授（二〇一六年現在）で、かつてはアメリカズカップ日本艇のテクニカルディレクターも務めた宮田秀明先生は、「明確な目標やビジョンのないプロジェクトが成功することはない」（『プロジェクトマネジメントで克つ！』日経BP社）と断言した上で、さらに、プロジェクトチームが掲げる目標には三つのタイプがあると指摘しています。

とてもわかりやすく、説得力のある主張なのでここで紹介しておきましょう。

宮田先生は、目標には「合理的計算型」「ビジョン型」「ランダム試行型」の三つがあると指摘しています。

「**合理的計算型**」は、合理的思考の延長線上にあって数値表現が可能な目標のことです。たとえば「五年以内に海外売上高比率を50％まで高める」「時速３００キロで通常運転できる列車を開発する」「１テラフロップスのＣＰＵを実現する」といったものが、これに該当します。

「**ビジョン型**」とは、ビジョンという形で語られる目標のことです。たとえばアポロ計画の「十年以内に人類を月に送り込む」や、グーグルが掲げる「世界中の情報を整理し、誰もがアクセスできるようにする」というのが、これに該当します。

最後の、「**ランダム試行型**」は、先述した二つに比べると少しいい加減で、「とにかく楽しもう」とか「何でもいいから新しいことをしよう」といった具合になります。たとえば、ソニーの設立趣意書には「真面目なる技術者の技能を、最高度に発揮せしむべき自由闊達《かったつ》にして愉快なる理想工場の建設」とありますが、乱暴に要約すれば「ワクワクするようなことをどんどんやっていこう」という宣言であり、これなどは「ランダム試行型」の典型と言っていいかもしれません。

強い組織の特徴

さて、以上の三類型を紹介した上で、筆者としてはとても重要だと思われるのが、宮田先生の「**強い組織は、三つのパターンをうまく組み合わせる**」という指摘です。

まず、プロジェクト全体については、「ビジョン型」の目標を掲げてぶれさせない。そして、そのビジョンを追求するために必要な要素に分解し、これらについては「合理的計算型」で数値目標を掲げる。さらにその上で、直観的な飛躍や創発を引き出すために、一部のリソースは「ランダム試行型」に振り分ける。

逆に良くないのが、どれか一つだけという状態です。

たとえば「ビジョン型」だけの場合だとどうなるか。ありがちなのは「〇〇の技術をもって豊かな社会の実現に貢献する」といったビジョンですが、では具体的にどうすれば実現できるのかがよくわからず、組織構成員の動機も創意も駆動できません。

一方で「合理的計算型」だけの場合、漸進《ぜんしん》的な進歩しか望めませんし、乾いた数値目標だけを与えられたのでは、やはり動機や創意を高いレベルで維持するのは難しいでしょう。

「これからはバイオの時代だ。バイオ事業を始めて年収を三千万円にする」という人は「合理的計算型」のリーダーでしょう。一方で「僕は目が見えない人に世界の美しさを伝えたい。そのためにバイオテクノロジーの応用を始めます」という人は「ビジヨン型」の人です。宮田先生は、成功者は「圧倒的に後者が多い」と指摘します。

まとめましょう。まず「明確な目標を持たないプロジェクトが成功することはない」ということです。シンプルでわかりやすい目標は、プロジェクトメンバーの思考や行動の立脚点になります。さらに、プロジェクトの目標には「合理的計算型」「ビジョン型」「ランダム試行型」の三つがあり、これをうまく組み合わせることが求められます。

プロジェクトの意義をメンバーと共有する

前項では、プロジェクトの目的を明確化することの重要性を説明しました。これから取り組もうとしているプロジェクトの目的や意義を、シンプルな言葉に落とし込んでメンバーと共有するということは、過小評価されていますが、実はリーダーが初期段階でやらなければいけない最も重要な仕事の一つと言えます。なぜ、目的や意義を明確に伝えなければいけないのか。大きく整理すれば理由は二つあります。

一つは動機付けです。**人間は、意義を感じない仕事には情熱をもって取り組めません。**もちろんメンバーも組織人ですから、責務として仕事を与えれば真摯《しんし》に取り組むわけですが、個人の潜在能力の１００％以上をプロジェクトに注ぎ込んでもらうためには、高い水準で動機付けられていることが必要です。

動機付け、というと難しく聞こえるかもしれませんが、要するに目の前の仕事に対して情熱をもってもらうということです。そのためには、まずリーダー自身が情熱をもっていないといけません。前項で紹介したテグジュペリの指摘には、いつの時代も変わらない「チームの力を引き出すプロジェクトリーダーの要点」が表現されています。

さて、プロジェクトの目的を初期段階でメンバーに伝えなければならない理由の二つ目として指摘したいのが、**「そうした方が効率が良いから」**というものです。プロジェクトが進行していくに連れ、当初想定していなかった大小様々な問題が発生します。これらの問題について、リーダーがすべての意思決定をしていたら、とてもじゃありませんがプロジェクトチームは回りません。

リーダーの判断力を効果的に活用するためには、「重要」かつ「難易度が高い」問題の解決にリーダーの時間を集中的に投入するべきで、前記の二つの条件、つまり

「重要」かつ「難易度が高い」という条件に該当しない問題については、その処理権限をメンバーに大きく委譲することが求められます。

ここで問題になってくるのが、メンバーの判断基準です。些末《さまつ》な問題の処理権限をメンバーに委譲するためには、メンバー間に共通の判断基準や優先順位が必要になります。そのためにも、「このプロジェクトの目的は何か、何を一番重要視するのか」という点についてのコンセンサスがとれている必要があるわけです。よく「忙しい、忙しい」とぼやきながら、結局のところ大した成果を挙げられない人がいますが、こういった人は、些末な事象に自分の時間を使いすぎているわけです。

マネジャーの時間配分と成果の関係を詳細に研究した経営学者のスマントラ・ゴシャールは、「忙しいのに大した成果が出ていない」という状態を「**アクティブ・ノンアクション**」という状況だと指摘し、このアクティブ・ノンアクションを脱するために、シンプルに「些細な仕事を捨てることが必要」と指摘しています。

そして、些細な仕事をメンバーに任せて、自分の時間を「重要」かつ「難易度が高い」案件に集中するためには、メンバー間でプロジェクトの目的と意義が十分に共有されている必要があるのです。

大リスクのプロジェクトこそ、小リスクで

特別なレースという部分に関しては、ここで初めて何かを試すようなことがあってはいけないと思います。

武豊（競馬騎手）

わざわざプロジェクトチームを作って取り組むような課題は、通常その組織が扱っている定型的な課題とは大きく異なるはずです。

これはそのまま、「プロジェクトチームが取り組む課題には大きなリスクが付きまとう」ということになります。

このように、大きなリスクがともなうプロジェクトを推進するにあたって重要なのは、できる限りプロジェクト設計においてはリスクを冒さないということです。確実でシンプルなプロジェクト設計を心がけることが重要なのです。

たとえば、**メンバーの力量については、タスクとの比較において「いまはできない**

かもしれないけど、プロジェクトの途中で成長するだろう」といった考え方は禁物です。「彼なら必ずやれる」という人物を、力ずくでも引っ張ってくることが重要です。その人を付けてくれなければ、自分はやらないと突っぱねるのも手でしょう。

あるいは予算についてもそうです。「今はまだ準備できていないけど、〇〇さんは賛同してくれるはずなのでおそらく始まって三ヶ月後には予算を確保できるよ」といったケースも、非常に危険です。

こういう場合は、「だったら予算の確保が完了した段階でプロジェクトをスタートさせてください」とやはり突っぱねるべきです。

リスクの大きなプロジェクトであればあるほど、プロジェクトデザイン上のリスクを少なくするというのは、工学や科学分野での巨大プロジェクトの鉄則といえます。

たとえば、東海道新幹線の開発は、時速二百キロ以上で走る超特急列車の開発という未曾有《みぞう》のプロジェクトでした。その開発の総とりまとめをやった島秀雄技師は「新幹線の開発・設計においては、徹頭徹尾、実証済みの技術、いわゆる『枯れた技術』のみを用いる」と周囲に宣言しました。

少しでも先進的な技術や最先端の技術を盛り込もうとすると、これを厳しく排除しました。時速二百キロ以上で走る超特急の開発という、巨大なリスクをはらむプロジエクトであるからこそ、できる限り要素技術について発生するリスクを減らそうとしたわけです。

これは多くの宇宙開発プロジェクトについてもいえます。「はやぶさ」プロジェクトを主導された川口淳一郎さんは、著書『「はやぶさ」式思考法』（飛鳥新社）のなかで、宇宙開発プロジェクトにおけるリスク管理について述べています。少し長くなりますが引用しましょう。

「元来、宇宙開発はハイリスクな事業です。莫大な費用がかかるうえに、常に試作機一機しか作れません。試行に膨大な経費がかかるためです。（中略）

宇宙開発に従事する方々は、それでも十分に安全で、枯れきった技術を保守的に使ってでも、堅実な設計・製造に全力をあげています。意外かもしれませんが、宇宙開発は、そんなおどろくほどに保守的な世界でもあるのです」

プロジェクトにはリスクはつきものです。このリスクを必要以上に排除しようとすると、リスクの軽量化や回避に膨大な工数がかかってしまい、かえってプロジェクトの生産性を低下させてしまうことになります。

ここは難しいところなのですが、大きなプロジェクトであれば、ある程度のリスクはつきものだと考えましょう。「何かあったらその時に考えよう」くらいの気持ちで、とりあえず前に動かしてみないと始まらない、というのが多くのプロジェクトの実情なのです。

しかし、だからこそ、**プロジェクトデザインにおいて、排除できるリスクについてはできる限り排除する**という意識が必要です。

では、プロジェクトからリスクを排除するための着眼点はどこになるのでしょうか？　大きく分けると「論理設計に無理がないか？」と「リソースが十分か？」の二つになります。順に説明していきましょう。

プロジェクトのリスクを判断するポイント

プロジェクトがはらむリスクを判断するための最初のポイントが「論理設計」になります。論理設計というのは、そのプロジェクトが依拠するロジックや構造のことです。

ホワイトカラーが携わるプロジェクトは、基本的に「情報の入手」→「情報の加工」→「示唆や行動計画のアウトプット（＝意思決定）」というモジュールの連鎖で行われます。

　プロジェクトにおいて、「扱う問題の数」を示す言葉を「**モジュール**」と呼びます。この時、各モジュールから別のモジュールに、「どう転んでもつなげられる」という論理的な確信が持てないのであれば、そのプロジェクトの論理設計には大きなリスクがあることになります。少しイメージしにくいかもしれませんので、具体例で説明しましょう。

　すぐに思い出すのは、ある消費財企業をクライアントにしたプロジェクトです。いただいた「お題」は「百以上ある商品への広告投下量の配分を、科学的に最適化したい」というものでした。今では勘が働くようになったので、こういう「お題」を聞いた瞬間に会議室から脱兎のごとく飛び出して逃げますが、それはともかくとして、このプロジェクトの論理設計がどのようなものであるかを改めて書き出すと、このようになります。

入力される情報…商品別売上高および商品別広告費の時系列データ
情報の加工………多変量解析などの統計分析

出力される示唆…商品別の最適な広告投下量

もちろん、実際のプロジェクトでは他にも様々な「最適化の論拠」が検討されるわけですが、骨太なロジックを書けば先述したようなものになります。

一読してわかるように、統計的な分析手法に頼って行動への示唆を抽出しようというものなのですが、統計というのは「特に明確な示唆が出ない」ということも多いわけで、ではそのような結果が出た時に、このプロジェクトのアウトプットはどうなるのかと考えると空恐ろしいものがあります。

そして実際に、このプロジェクトを担当したリーダーとメンバーはパニックに陥り、多くの人がプロジェクト後には会社を去っていきました。

こうやってシンプルにまとめると「こんな論理設計のプロジェクトなら燃えるに決まっているよ、バカじゃないの？」と思われるかもしれませんが、実はこういった「**そもそもの論理設計からして破綻しているプロジェクト**」**というのは、世の中のそこかしこに溢れている**のです。

たとえばニクソン大統領を任期中の辞任という前代未聞の事態に追い込むことになったウォーターゲート事件もそうです。この事件を先ほどの枠組みで整理すると、プロジェクトの論理設計がいかに無茶苦茶だったか、よくわかります。

入力される情報…民主党本部の電話盗聴
情報の加工………民主党の戦略およびスキャンダル等の弱点をテキストから抽出
出力される示唆…外交等の政策および次期大統領選挙の戦略に関する示唆

「論理設計に無理がある」という以前に、「そもそも電話盗聴はアウトだろ」という印象も拭《ぬぐ》えないではありませんが、当時のホワイトハウスは政権内部からのリークによる報道で外交交渉や外交政策に影響が出ることを防ぐために安全保障関連の関係者や特定の記者の盗聴を以前から命じており、盗聴自体は「まあ仕方ないよね」くらいの認識だったのかもしれません。

その点を差し引いても、この論理設計には相当の無理があることがすぐにわかります。米国大統領とそのブレーンという、世界で最も賢い人たちが、愚かとしか言いようのない論理設計のプロジェクトを立案し、それを実行し、そしてキャリアにとどめを刺してしまったわけです。

さて、次にプロジェクトのリスクを見極める二番目の着眼点「リソースが十分か？」という点について説明しましょう。

こちらは「論理設計」に比べてはるかに理解しやすいと思います。「プロジェクトの工数が要求するリソースに対して、それが十分に確保されているか」という問題です。

具体的には、リソースは「人」「時間」「お金」の三つに分けて考えます。「人」が足りなければ「時間」を増やす必要がありますし、「時間」が足りないのであれば「人」か「お金」を増やす必要があります。

ここで注意しておきたいのですが、**リソースは100%ギリギリではなく、できれば70%くらいの稼働率で回る程度に確保できるのが理想的**です。

プロジェクトでは必ず想定外の事態が発生し、一時的に当初想定したよりも業務負荷が高くなる局面があらわれます。この時、当初想定した業務量に対してギリギリのリソースしか確保していないと、チームは一気に破綻してしまいます。

プロジェクトが要求する工数を正確に見積もるのは言葉で言うほど簡単ではないのですが、これは経験を積まないとどうしようもない部分もあるので、まずは「人」「時間」「お金」というリソースについて、70％くらいの稼働率でなんとかなる程度を目指すということを覚えておいてください。

チームの稼働に「遊び」を持たせる

多くの人は、チームの生産性を高めるためにはメンバーの稼働を高い状況に保ち、「遊ばせない」ことが重要だと考えています。しかし、これは大きな誤りです。個人的な経験からも、あるいは学術的な研究からも、**実はチームの稼働には、ある程度「遊び」があった方が生産性は高くなる**のです。

たとえば、ハーバード・ビジネス・スクールのステファン・トムクは、数学の待ち行列理論を用いて「稼働率が80％から90％に上昇すると処理待ちの時間は二倍以上に増加し、さらに稼働率が90％から95％に上昇すると、さらに倍増する」ことを指摘しました（ハーバード・ビジネス・レビュー二〇一二年八月号）。

トムク氏は、稼働率が上昇することで生産性が上がるのは、製造や取引処理のような、変化に乏しくて例外的な突発事項がめったに発生しないようなルーチン業務においてだけであると指摘しています。確かに、そのような業務であれば、リソース稼働率が上がれば生産性は高まるでしょう。

しかし、多くのプロジェクトチームで扱うことになる問題は、たいていの場合、非定型的で多くの突発事項を取り扱うことになります。そもそも「非定型」で「非ルーチン」だからこそ、わざわざプロジェクトチームをつくっているわけで、このような問題を扱うチームにおいて、稼働率を目いっぱいまで高めようとすると、何か予想外の事象が発生した場合、一気に生産性が低下してしまいます。

「遊び」が役に立ったある経験

思い起こしてみれば、筆者自身はこの学びを、ある先輩プロマネから教えてもらいました。筆者がまだジュニアスタッフで、もうそろそろプロマネに昇格かな、という時期に携わったプロジェクトでのことです。

このプロジェクトで、筆者の上司に当たるプロマネは、筆者より経験が浅いメンバーにそれぞれ固定的な役割分担を与えた上で、筆者に対しては「山口さんは、とりあえず各メンバーの仕事ぶりを横から見ながら、適宜アドバイスしてください」と依頼したのです。当初は「そんな役割でいいのかな、自分だけ仕事量が少なくって早く帰れるのはうれしいけど、なんだか申し訳ないな」と思いました。

さて、プロジェクトがスタートして一ヶ月ほど経ったころですが、あまりにもやることがなくて、上司に当たるプロマネに「手持ち無沙汰でつまらないし、成長実感が持てない。ほかのプロジェクトと掛け持ちしてもよいか」と聞いてみたのです。ところが、このプロマネの返答は「絶対にダメ」というものでした。

続けてプロマネは、

「今はまだスタートしたばかりでプロジェクトは平穏ですけれども、このプロジェクトは中盤で必ず火を噴くことになると思います。そうなると今のメンバーでは対応が難しいでしょう。そこで、問題が発生した時には山口さんに遊軍的に動いてもらって臨機応変に火消しをやってもらいたいのです。それを見越して、今は稼動に余裕を持ってもらっているのです。いずれやってくる修羅場のために、今は堂々とのんびりしていてください」

と言ったのです。

そして、実際にプロジェクトが中盤に差し掛かると、多くのトラブルが発生し、筆者としては「ああ、あのころが懐かしい」と思い返さずにいられないほどの忙しさになってしまったのです。

あのとき「今は稼働が遊んでいるから」と自分のリソースをほかの案件に振り向けていたら、おそらくプロジェクトは失敗に終わっていたことでしょう。先輩プロマネの「生きた知恵、生きたノウハウ」を感じさせられた一幕でした。

まとめましょう。一般に、組織の稼働率を上げれば生産性は高まる、と思われがちです。しかし、これは定型的なルーチン処理にだけ当てはまることであって、非定型的な問題を取り扱うプロジェクトチームにおいては当てはまりません。非定型な仕事を取り扱うプロジェクトチームで、稼働を高めようとしすぎるとどうしても処理待ち案件が発生し、プロジェクト全体が長引くことになります。プロジェクトチームのメンバーには、ある程度「遊び」があった方がいいのです。

プロジェクトオーナーを明確化する

プロジェクトの真のオーナーが誰なのか、という点を明確にしておくのはとても重要です。なぜかというと、関係者によってプロジェクトを通じて達成したい目的が違うことが多いのです。

プロジェクトをやっていると「こちらを立てればあちらが立たず、あちらを立てればこちらが立たず」という、トレードオフの状況が必ず発生します。このトレードオフが発生したときに、どちらを立てるかを意思決定するのがプロジェクトリーダーの大事な責務なわけですが、このときに重要な判断の拠り所になるのがプロジェクトオーナーの問題意識になります。

そのため、**「プロジェクトオーナーは誰か？」「その人はそもそもどんな問題意識を持っているのか？」「このプロジェクトにどんな期待をしているのか？」**を明らかにすることが重要になります。

では、どうすればプロジェクトオーナーの問題意識をつかむことができるか。それは単純に「聞く」しかありません。インタビューをして、「プロジェクトを通じて一番解決したい問題は何か？」「このプロジェクトに何を期待しているか？」をストレートに聞いてみましょう。

聞いてみると、実はプロジェクトオーナー自身が明確にそういった期待をイメージしていないこともあるのですが、そうやってインタビューをすることで、それが明確に言語化されます。

この「言語化される」というのが大事です。なぜかというと、言葉にするとコミットメントが生まれるからです。プロジェクトオーナーとして、プロジェクトのマネジャーとメンバーに対して「期待しているのは○○」とか「このプロジェクトで解決したいのは○○」とはっきり明言してもらうことで、そこを一種の立脚点として設定できることになります。

　こういう立脚点がないままにプロジェクトを進めてしまうと、いろいろな判断局面で軸足が定まらなくて大きなストレスを抱えることになりますので、気をつけた方がいいでしょう。

メンバーの力量をスキャンする

　プロジェクトが始まれば、様々な仕事をメンバーの力量に応じて振り分けることになります。この時、「初めて一緒に仕事をすることになるメンバーの力量をどうやってはかればいいのか」という問題が出てきます。

　まず、年齢や経験年数なりの能力は持っているだろうとあてずっぽうに考えるというのは一番ダメな方法です。

プロジェクトチームの性格にもよりますが、わざわざプロジェクトチームが組まれている、というのはそのプロジェクトチームが通常の組織では対応できないような、新しい種類の課題に取り組んでいるという側面が少なからずあるはずです。

そういったプロジェクトにおいて、経験年数や知識の多寡《たか》というのは、一つの参照材料にはなりますが、それだけで任せる仕事を決めるのは危険でしょう。

仕事の成果には、もちろん知識や経験も関係しますが、よく言われるコンピテンシーやパーソナリティも影響します。

「人間関係を構築するのがとても上手だし好きだ」というメンバーであれば、若くても対外折衝《せっしょう》を任せる方が資料の分析や整理をやらせるより良いでしょうし、内向的だけれども緻密《ちみつ》に考えていくのが好きだし得意だという人であれば、年長者であってもバックオフィス的な仕事の方がチーム全体としては機能するかもしれません。

重要なのは、**プロジェクト内部における仕事や役割において、優劣や上下の感覚を許さない**ということです。その上で、メンバーの力量や特性に応じた仕事の割り振りを考えましょう。

話を元の論点に戻しましょう。「ほとんど人となりを知らない」という新しいメンバーの場合、どうやって力量や特性をスキャンすれば良いのでしょうか？

筆者がいつもやっているのは二つのことです。

一つは、単刀直入に、その人に聞いてしまう。筆者の場合、一時間ほど時間をもらって、会議室に入り、「好き・嫌い」と「得意・不得意」の二軸によるマトリックスを作り、これまでの仕事経験を振り返って、具体的にどんな仕事をやってきたか、担当したタスクは何だったかを棚卸ししてもらい、それをこのマトリックスに整理していきます。

勘の良い方はもうおわかりでしょうが、この場合、出来上がったマトリックスは別にどうでもいいのです。大事なのは、これまでにどんな仕事をやってきたかを一緒に棚卸しして、その中で「どんなタスクを楽しんでやれたか」「苦しかったのは何か」という「気持ち」をきちんと語ってもらうことで、その人の「仕事への向き合い方」を知る、ということなのです。

過去の仕事について話すとき、その人の表情や声音は、そのときの感情や体験によって微妙に変化します。表面的に「どんな仕事も一生懸命やるべきで、実際にそうやってきました」と言っている人でも、楽しくてやりがいのあった仕事であれば、それは表情や声音に表れますし、逆に苦しかった仕事について話すときもまた同様でしょう。

重要なのは、書き出すプロセスの中で「人となり」についての感覚的な理解を深めることですから、ここで書き出したマトリックスは別に記録にも残しません。

「棚卸しセッション」の注意点

注意点を書いておくとすると、このセッションに入る前に、任せたい仕事についてのイメージを持っておくと良いでしょう。そうすることで、そのセッションの場において、「たとえばこういうタスクについては、できそうなイメージ？」と聞くことができるようになります。

逆に、どんな仕事を任せようかというイメージもないままにセッションをやってしまうと、単なる自己紹介と同じレベルの掘り下げしかできず、浅いセッションになってしまう可能性があります。

もう一つは、「試験的なタスクを任せる」ということです。「棚卸し」セッションを終えた後で、だいたい任せる仕事のイメージがついたら、決定的に重要なタスクを任せる前に、試験的なタスクを振ってみるとさらに評価の確度が高まります。

プロジェクトが始まってからすぐか、できれば始まる前に、関連しそうな領域について簡単な調べ物やインタビュー、シミュレーションなどを任せてみるのも良いでしょう。

何でもいいのですが「二、三日でできそうで、プロジェクトに決定的な影響が出ないタスク」が良いかと思います。プロ野球でいうオープン戦のようなものですね。「本番のペナントレースではなく、とりあえず打席に立たせてみる」というイメージです。その試験打席で、アウトプットが「まあ許せるか」という範囲であれば、筆者の場合はそのままその分野を担当してもらいます。

まとめましょう。プロジェクトメンバーに、それまで一緒に仕事をやったことがない人がいる場合、どのような力量や特性を持っているのかを早期に把握することが重要です。把握するためには、「好き・嫌い」「得意・不得意」のマトリックスを用いた、仕事経験の棚卸しセッションが有効です。

このセッションを通じて、どのような仕事が得意なのか不得意なのかを、本人の発言内容以上に、表情や声音から判読しましょう。その上でさらに、試験的なタスクを任せてみて実力やフィットを見てみれば、まずはプロジェクトの初期段階としては十分だと思います。

参画するメンバーの懸念や期待を把握する

前項では、メンバーの力量をスキャンすることについて説明しましたが、メンバーが、どのような期待や懸念を持っているかについて把握することも、プロジェクト開始前の重要事項です。

たとえば家庭の事情でどうしても土日の作業はできないというメンバーがいたとします。では彼がそれをプロジェクトの開始段階でリーダーやメンバーに告知するかというと、そういうことはまずありません。

ほとんどの場合、そういう事情は知らせずになんとかうまく乗り切ろうとします。そして事態がいよいよ逼迫《ひっぱく》してきたときになって、はじめて「ちょっと相談があるんですけど……」というような形で状況が伝えられるケースが多いのです。

このような状況はプロジェクトマネジャーとしては大変困るわけです。こういったリスクがあるのであれば、それをプロジェクトのなるべく早い段階でマネジャーも共有しておきたいものです。

一方で、**プロジェクトに参加するメンバーの期待を聞いておく**のも重要なポイントです。

そのプロジェクトに参加することでどのような知識やスキルを得たいのか、自分なりにどんな成長をしたいのか、どんな弱みや悪い癖を直したいと思っているのかを聞いてみましょう。

人は、漫然と仕事に臨んでいると、漫然とした成長しか得られません。プロジェクト開始段階で、具体的に「このプロジェクトを通じて、どんな成長をしたい？」と聞くことで、改めて自分の成長課題について考えさせることができます。

自分の成長課題について考え、それをこのプロジェクトを通じて克服するイメージを明確に持てば、モチベーションを高く保つことができます。何か辛いことがあったとき、プロジェクトがなかなかうまくいかないというとき、最初に話し合った「克服したい課題」に立ち返ることで、「こんなことではいけない」と自分にハッパをかけることができるようになるわけです。

メンバーのアサインメントを決める

プロジェクトの初期段階において、プロジェクトマネジャーにとって一番重要な仕事が、プロジェクトメンバーのアサインメントです。

どの仕事を、誰にやってもらうかを決めるということですが、これがなかなか難しい。プロジェクトの性質は一回一回で異なるため、毎回適用できるようなアサインメントのルールや方法論というのはないのですが、往々にしてやってしまいがちなミスというのはあります。

それは**優秀なメンバーとそれほどでもないメンバーのアサインメント**についてです。よくやってしまうのは「難しいワークモジュール」に優秀なメンバーをアサインして、「簡単なモジュール」にそれほどでもないメンバーをアサインしてしまう、というミスです。これをやると結局は、「難しいモジュールはうまくいかず」、かつ「簡単なモジュールもうまくいかない」という、二重衝突事故のような状況になってしまいます。

この場合、アサインメントは逆にするべきです。簡単なモジュールは優秀なメンバーに任せて、難しいモジュールは、プロジェクトマネジャー自らが腕まくりして手を突っ込み、サポートに「それほどでもないメンバー」を据える、というのが正しいやり方です。

プロジェクトマネジャーとメンバーのあいだには大きな力量差があるのが通例です。プロジェクトマネジャーから、いくら優秀そうに見えたとしても、実際に独り立ちに近い形で簡単なワークモジュールをやらせると、結局はかなりサポートをしないとできないという状況に陥りがちなのです。

したがって、「優秀なメンバーに簡単なモジュールを任せ、そのモジュールについてマネジャーは忘れる」というのが正しいということになります。

メンバーの成長力を信じる

時として、あまり評判の良くないメンバーをプロジェクトであずかることもあるでしょう。そのようなとき、そのメンバーの実力や態度を最初から疑ってかかると、そのメンバーはプロジェクトで成果を出せず、ますます自信を失ってしまうことになります。

自信のないメンバーを抱えてのプロジェクト運営ですから、プロジェクトの成果という観点からも、個人の自己実現という観点からも、望ましくない結果を招くことになります。

このようなことを避けるために、**必ずしも評判の良くないメンバーであっても、そのメンバーの「成長余力」を信じて接してあげる**ことがとても重要です。

人の成長カーブにはそれぞれの「伸びる時期」があります。

ビートルズを見てみればよくわかります。デビュー当初からポール・マッカートニーとジョン・レノンの楽曲に比べて、明らかに味が薄いというか、今ひとつピリっとしなかったジョージ・ハリスンですが、最後のアルバムである『アビイ・ロード』では、「サムシング」と「ヒア・カムズ・ザ・サン」で、ポールとジョンに完全に肩を並べるまでになっています。

現代の社会は過度にスピードを重視するので、「呑み込みの早さ」を「優秀さ」「頭の良さ」とはき違える傾向が顕著ですが、筆者の経験に言わせれば、本当の意味で「頭の良い人」というのは、意外と呑み込みに時間がかかるものです。

なぜ時間がかかるかというと、自分の頭の中にある事象と新たに学んだ事象との関係性をきっちり整理しないと「わかった」と思えないからです。

過去に学んだ様々な事象との関係を整理して、全体に無矛盾であると確定すると、新たに学んだ事象が頭のなかの引き出しにコトリと音を立てて落ちることになる。「わかった」と思うまでに、このような流れがあります。

このタイミングを待ってあげられない人は、いろいろと思案しているのを見て「頭が悪い、呑み込みが悪い」と短兵急に結論を出してしまうのです。

「マタイ効果」を意識する

「この初期的な評価が、本人の人生を左右しかねない」ということにメンバーをあずかるリーダーであれば留意しておいて欲しいと思います。

たとえば、四月生まれの偏差値と三月生まれの偏差値を比べると、統計的に有意に四月生まれの偏差値の方が高いことが知られています。

あるいはJリーグやプロ野球の選手の誕生月を調べてみると、四月生まれが一番多いという話を聞いたことがある人も多いでしょう。

大人になってしまえば、四月生まれと三月生まれに大した違いがあるとは思えません。しかし、幼少期にはどうであったか？　幼稚園や小学校低学年のときに、四月生まれの子は相対的に心身ともに発達していますから、どうしてもスポーツや学業において有利になります。

この初期段階での微妙な評価の差が、本人の自信につながり、それがより高いレベルの経験につながり、それがさらに本人の自信につながる。この現象は、「**持っているものはますます与えられ、持っていないものはますます奪われる**」という新約聖書のマタイ伝にもとづいて「**マタイ効果**」と呼ばれます。

マタイ効果が、これほど広汎な領域において統計的に有意に観察されるということは、私たち人間が、いかに「初期段階の微妙な差」によって人を差別し、その評価にもとづいて言動を変えてしまっているかということを示しています。

ちなみに、教師の期待の大小によって生徒の成績が左右される現象を心理学では**ピグマリオン効果**として説明しています。

特に若いスタッフであれば、初期段階でどれだけ低評価に甘んじても、必ず大きな成長余力＝伸びシロを持っているはずです。マタイ効果とピグマリオン効果について、リーダーは意識しながら、たとえこれまでの評判が良くなかったメンバーであっても、成長余力を信じ切って期待してあげることが重要です。

プロジェクトオーナーの期待値と問題意識を把握する

プロジェクト初期段階における心得として、「プロジェクトオーナーの期待値が上がりすぎないようにする」という点について留意しておいた方が良いでしょう。これはプロジェクトに限らず、人生全般に言えることでもありますが、**高すぎる期待値は苦しみを生むだけ**です。

なぜ、こんなにも当たり前のことをあえてここで申し上げるかといいますと、多くの人は、自分の能力や優秀さをできるだけ早くアピールしたいという気持ちから、どうしても楽観的な見込みや成果を、プロジェクトオーナーに対してアピールしてしまうからです。

あるいは、コンペなどの場合でも、受注を獲得するためにかなり無理のある期待値を掲げることなどもあるでしょう。それはそれで仕方のない部分もありますが、常に「期待値を上げすぎるとトラブルのもとになる」ということは意識しておく必要があります。

理由については多くを語る必要はないですよね。結果的に百万円の儲けが出たプロジェクトがあったとして、プロジェクト開始段階の期待値が二百万円だった場合と、五十万円だった場合とで、どちらの方がプロジェクト関係者の満足度が高かったかを考えてみれば、容易に想像できるでしょう。

プロジェクトの初期段階ではそれほど高くなかった期待値が進行に伴ってどんどん上がっていく方が、その逆、つまり最初に高かった期待値が進行に伴ってどんどん下がっていくよりも、ずっとスムーズに運びます。

「ものすごく可愛い子が来る」といって合コンの参加を促すのは素人です。手練れの合コン手配師であればあるほど、「うーん、見た目はどうかわからないけど話はとっても面白いと思うよ」といった程度に期待値を留めます。結果的に、終わった後の満足感は後者の方が高いわけです。

期待値をコントロールする要素としては「**期間**」「**リソース**」「**成果**」の三つがあります。筆者の場合、基本的に「ギリギリこれだけあれば大丈夫だろう」という見積もりに対して、だいたい一・五倍程度を提示します。たとえば「期間」に関しては、「四ヶ月で何とかなる」ということであれば「六ヶ月は必要です」と言いますし、「リソース」に関しては、四人のメンバーと予算一千万円が必要だと見積もれば、「六人のメンバーと、それと一千五百万円の予算をください。でなければ無理です」とまずは言います。

「成果」の期待値

なかなか悩ましいのが「成果」の期待値です。「成果」の期待値は、質的なものと量的なものになります。

量的なものについては、いわゆるスコープやモジュールが、期待値のコントロールに用いられます。スコープとはプロジェクトにおいて「扱う問題の範囲」を示す言葉です。

たとえば、業界の分析をしてそこから事業戦略への示唆を出す、という検討プロジェクトを考えてみましょう。業界の分析を行う際に、よく用いられるのがマイケル・ポーターの「5フォース」のフレームワークです。これは、業界を「同業者との競合」「異業種からの参入」「代替品の脅威」「川上からの圧力」「川下からの圧力」という、五つのストレスによって分析する枠組みです。

たとえば業界分析をする場合、典型的にはこの五つのストレスについて分析しますが、業界によっては「異業種からの参入」と「代替品の脅威」は捨象することもあり、この場合は「スコープを狭めた」ということになります。

プロジェクトにおいて「扱う問題の数」を示した言葉をモジュールと呼ぶことは先述しましたね。スコープが、扱う問題の「範囲」であるのに対して、こちらは「数」ということです。

たとえば、典型的には間接費用のコスト削減のプロジェクトなどでは「印刷費」「物流費」「通信費」といったかたちで費目別にチームが組まれ、それぞれがコスト削減に取り組むことになります。大きな「間接費用削減プロジェクト」というチームのなかに、費目別のサブチームがつくられ、それぞれにリーダーが指名されてプロジェクトの推進を担い、それをプロジェクトマネジメントオフィスが支援・進捗管理するというのが典型的な建て付けになります。

期待値コントロールに関していえば、**「すべてのモジュールが成功することはない」という点をプロジェクトオーナーに最初に伝えておくこと**が重要です。上述したコスト削減のプロジェクトになぞらえれば、たとえば費用項目が十項目あって、それぞれにサブチームが組まれる場合、二〜三のチームは空中分解します。したがって、

「一応プロジェクトを完遂した」というチームが七～八で、そのうち「素晴らしい成果を出した」というチームが二～三程度あれば十分だということです。

なぜ「二～三のチームは空中分解します」と事前にコミュニケーションしておくのが重要なのかというと、こういうチームを継続させようとすると、プロジェクトマネジメントオフィスの支援機能を膨大に消費してしまい、かえって残りの「うまくいっているチーム」のパフォーマンスを毀損してしまうからです。

端的にいえばチーム全体のＲＯＩ（投資対効果）が低下してしまうのです。なぜ二～三のチームが空中分解してしまうのか？　理由のほとんどは、扱う問題よりもリーダーの資質やリーダーとメンバー間の人間関係に起因します。

プロジェクトミーティングをリーダーがすっぽかす。メンバーがリーダーの言うことを聞かない。プロジェクトミーティングがそもそも設定できない等々。

こういった問題はテクニカルに解消することができず、地道なコミュニケーションと支援が必要です。要するに時間がかかるということです。

プロジェクトの初期段階で、「すべてのモジュールがうまくいくわけではありません。おそらく二～三のモジュールについては成果を出せずに途中で解散ということになると思いますから、そうなっても驚かないように」とコミュニケーションしておく

期待値と成果の関係

期待値＞最終成果	期待値＝最終成果	期待値＜最終成果

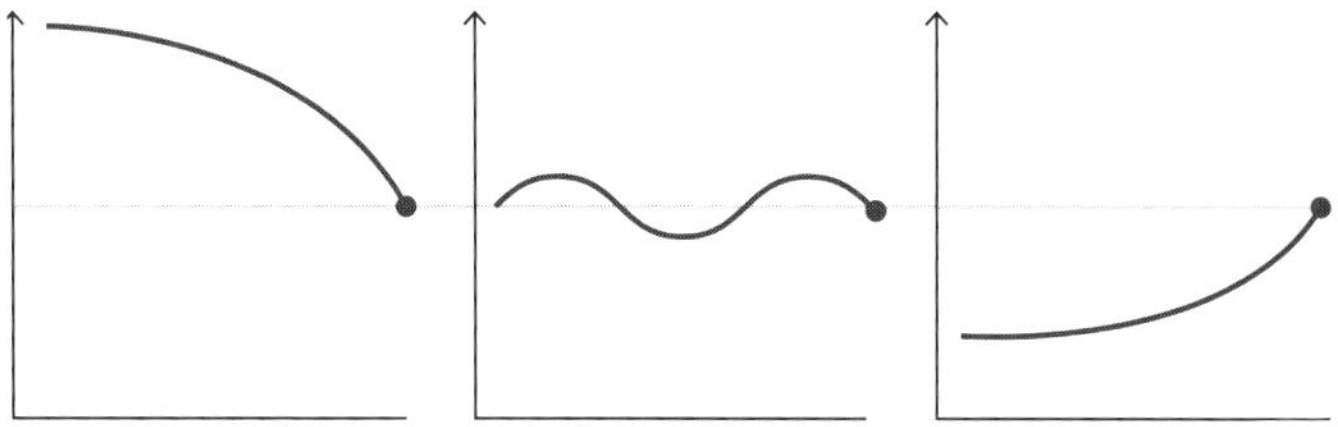

期待値＞最終成果	期待値＝最終成果	期待値＜最終成果
当初高かった期待値が徐々に下がってプロジェクトが終了	当初の期待値とほぼ同レベルの成果でプロジェクトが終了	当初低かった期待値が徐々に上がってプロジェクトが終了

× ＜ △ ＜ ○

↓

プロジェクトへの満足度は、絶対的な成果の水準もさることながら、初期の期待値との相対的な位置づけで決まることで、こういったチームにいたずらにリソースが消費されて、プロジェクト全体を危うくさせることを避けるわけです。

　これはそもそも論ですが、プロジェクトが「成功する」とか「失敗する」というのは、どういうことなのでしょうか？

　結論から言えば、**関係者の期待値より高い結果に終われば「成功」であり、関係者の期待値より低い結果に終われば「失敗」**なのです。ここが芸術におけるプロジェクトとビジネスにおけるプロジェクトの最大の違いです。芸術におけるプロジェクトは基本的に「最高のもの」を目指します。百点が成功であって九十点では失敗なのです。

　一方、ビジネスにおけるプロジェクトでは費用対効果が必ず問われます。たとえ九十点であっても、かけた費用に対する期待値が八十点であれば、それは大成功といっていいわけです。

期待値のコントロールでは「心理の影響」を意識する

前項では、期待値を低めにコントロールすることの重要性について述べましたが、最初期にそうしようとしても、結局は「高い期待値」を目標として突きつけられてしまうことも多いでしょう。

では「低い期待値」を通達しておくことに意味がないかというと、これがそうでもないのです。「低い期待値」を通達しておくことには、二つの効果があるように思います。

一つ目の効果は「**プロジェクトの難易度に関する見通し**」を関係者で共有できる**ということ**です。

プロジェクトオーナーが、プロジェクトの難易度を過度に「容易だ」と考えていると、リソースや期間が当初の想定よりズレることになります。上位マネジャーは何よりも「サプライズ」を嫌いますから、これは避けなければならない。いくら「期間」や「リソース」について、「高い期待値」を押し付けられていても、それはチームに対してハッパをかける一種のポーズと考えるべきで、頭のなかでは「そうか、思っていたよりも難しいんだな」という心づもりをしています。この「心づもり」が、将来のサプライズを避けるために重要なのです。

最初に「低めの期待値」を伝えて心づもりをつくっておけば、プロジェクトの途中段階で「やはりこの期間では厳しい」ということになった場合、早めにそれをコミュニケーションすれば、最初期段階での「心づもり」ともあいまって、「やっぱり無理か。じゃあ少し延ばそうか」ということになります。

一方で、最初期段階で「高い期待値」をもったまま、まったくコミュニケーションがなされていないと、プロジェクトの途中段階で「この期間では厳しいです」となった場合、これはまったくのサプライズになってしまいます。

当然ながら、

「だってできると言ったじゃないか」

「いや、一応受け取りましたけど、内心は無理だと思っていました」

「だったらそう言ってくれればいいのに」

「あのときは言える空気じゃなかったですよね」

といったような典型的な「**一生懸命なのに評価されない残念な人**」**のやりとり**をすることになり、人事考課も下がるという哀しい結果になります。「低めの期待値」をしっかり伝えておくことで、プロジェクトオーナーをはじめとしたステークホルダーと「プロジェクトの難易度に関する見通し」を共有できる。これが「低めの期待値」を伝える効用の一つ目です。

交渉カードを手に入れる

「低めの期待値」を伝える効用の二つ目に、「**プロジェクトオーナーとのあいだで発生する様々な交渉を有利に進めるカードが手に入る**」という点が挙げられるでしょう。

初期段階で「低めの期待値」を伝えたものの、「高めの期待値」を押し付けられてしまったという場合、こちら側（プロジェクトマネジャー側）の言い分とあちら側（プロジェクトオーナー側）の言い分とが摩擦を起こして、あちら側の言い分を飲んだという局面になります。つまり「貸し」が一個できるわけです。

この「貸し」はプロジェクトの後の局面でプロジェクトオーナーとなんらかの交渉をする際のカードになります。

なぜなら、人間には「返報性」という心理的な影響が働くからです。人は、誰かからなんらかの譲歩を受けると、その譲歩に負い目を感じて、後の交渉で譲歩を引き出しやすくなることが知られています。この「負い目」をプロジェクトの関係者に持たせるためにも、「低い期待値」をぶつけた後で、「高い期待値」を飲み込むというゼスチャが必要なのです。

プロジェクトオーナーは、プロジェクトマネジャーに対して「無理を聞いてもらった」という意識を持ちます。この負い目を、他の局面でプロジェクトオーナーと交渉する際、たとえば追加のリソースが欲しいとか、人を紹介して欲しいとか様々な要望を出す際にカードとして切ることができるわけです。

このカードは「高い期待値」をそのまま引き受けていたのでは手にすることができません。一度押し返して、しぶしぶ引き受けることで初めて手にすることができるのです。

これは外交交渉と同じことです。北朝鮮がミサイルの発射や領海侵犯といった理不尽な営みを常態化しているのは、「それを止める」ということ自体が一つの譲歩になるからです。

この譲歩は、「理不尽な行い」をやっていなければ生み出すことができません。彼らは経済面でのカードを切れないので、こういった理不尽な行いを常態化することで、「それを止める」という譲歩を自分で生み出しているわけです。

世界史を振り返ってみれば、戦争をする気もないのに駐留軍をいきなり国境に派遣したりするということがまま見られますが、こういった営為というのはほぼ間違いなく「そこから軍を撤退させる」という譲歩をすることで、なんらかの駆け引きを引き出そうとしていると考えることができます。

「低めの期待値」を出すのは、何もラクをしたいからではありません。最終的には「高い期待値」を引き受けることも多いし、たとえ「低い期待値」が受け入れられたとしても、チームとしては「高い期待値」を目指して全力を尽くすのはプロフェッショナルのモラルとして当たり前のことです。

「低い期待値」を出すことで、譲歩を引き出す為のカードを手に入れ、プロジェクトオーナーをはじめとした関係者を、より有利に巻き込めるのだと考えてください。

プロジェクト関係者の裏マップをつくる

プロジェクトを実際に動かし始める前に、**関係者の「裏マップ」**をつくっておくといいでしょう。

「裏マップ」とは、79頁のようなチャートです。これは、縦軸は影響力の大きさを、横軸はプロジェクトに対する態度を示しており、左側に行くほど、プロジェクトに反対の立場、右に行くほどプロジェクトに賛成の立場ということになります。

また、線で結ばれている人は人間関係があるということになります。このマップは、組織における政治感度の高い人にとっては、書き出したとしても「当たり前じゃんか、こんなの誰だってわかるだろ」と思うかもしれませんが、筆者の経験からは、それでも絶対につくった方が良いと思っています。

理由は、**メンバーのなかにこういった力学に驚くほど無頓着な人がいる可能性があるから**です。学生気分が抜けていない二十代のスタッフに多いのですが、「このプロジェクトはとっても意味があるし、反対する人なんていないっすよね」とはなから思い込んでいるために、反対派の逆鱗《げきりん》に触れるようなことを平気で言ったりやったりしてプロジェクトに混乱をもたらしかねないのです。

こういったスタッフに必要なのは、世の中は世知辛く、「正しいことは皆から賛成されるわけでは必ずしもないのだ」と学んでもらうということです。

十六世紀フィレンツェの政治哲学者、マキャベリは、リーダーには権謀術数《けんぼうじゅつすう》と政治の感性が不可欠であり、狡猾《こうかつ》さは目的達成のためには大いに活用されるべきだと説きました。こういった考え方をマキャベリズムと称しますが、プロジェクトをつつがなく完遂するにはマキャベリズムが必要だということです。

プロジェクト関係者の裏マップ

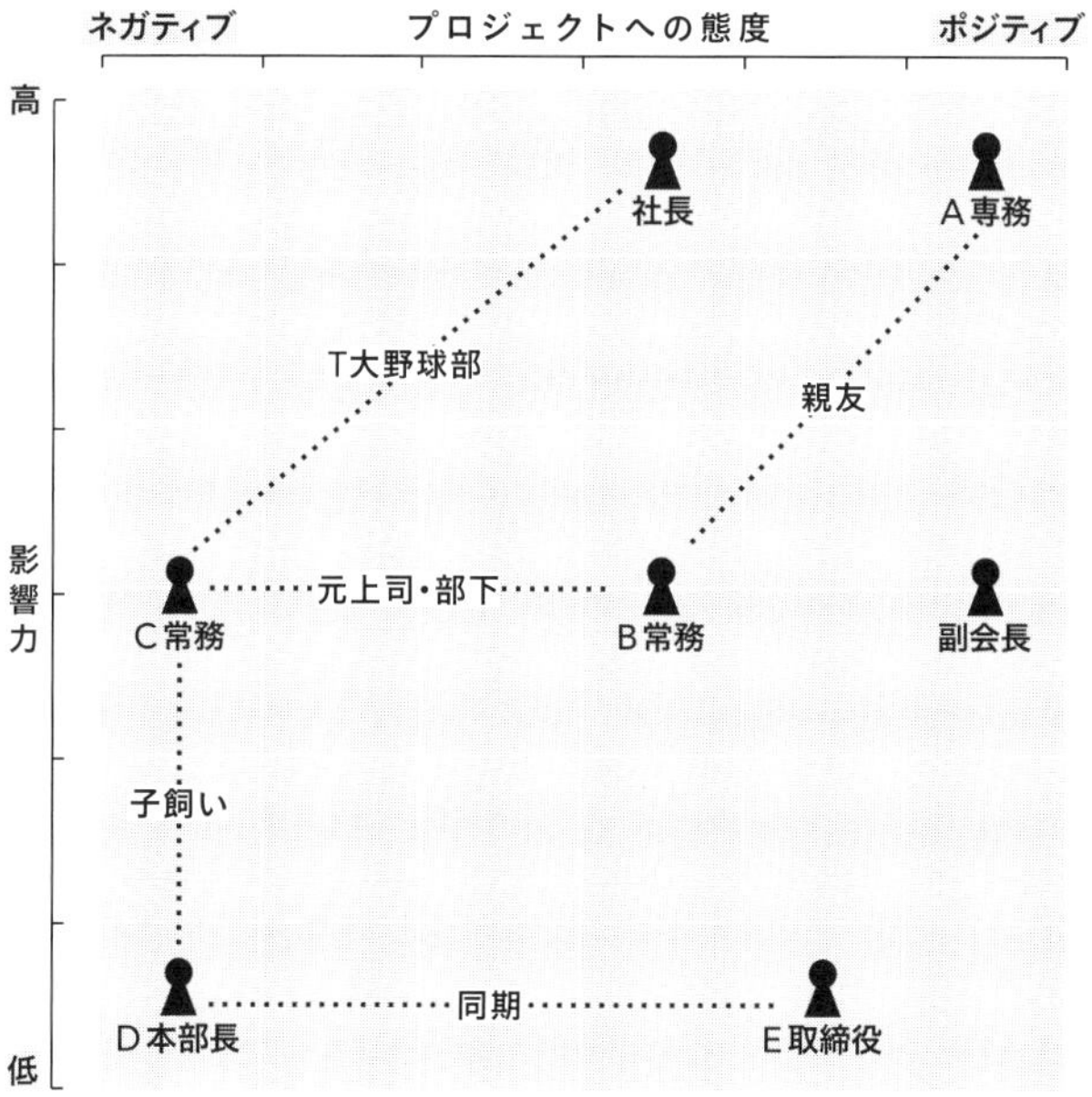

↓

- プロジェクト関係者のマップをつくることで、社内の人間関係をプロジェクトに有利なように活用することができる。
- 上記の例では、プロジェクトにネガティブなD本部長を口説くために、まずC常務を口説く必要があり、そのためにはB常務、A専務に動いてもらうことが得策だということがわかる。

裏マップの使い方

さて、この「裏マップ」ですが、使い方はいろいろとあります。まずは、プロジェクトに参加するメンバー間で、「誰が味方で誰が敵なのか」という認識をそろえるのに使います。先述した通り、組織の中の政治力学に対する感度には驚くほどの差があります。

専門的には、これは「**組織認識力**」というコンピテンシーに該当します。筆者が勤務しているヘイグループの過去の研究からは、たとえば際立って高い成果を挙げる外交官は、派遣された国の政治力学を見抜いて「誰が本当の権力者なのか、誰がフィクサーなのか」を見抜く、つまり「組織認識力」のコンピテンシーが非常に高いことがわかっています。

こういったコンピテンシーは、経験と学習を積むことで高められることがわかっていますから、このような機会に「裏マップ」をつくって、政治力学を見抜く勘所を教えてメンバーを育てる、というのも大事なリーダーの仕事の一つでしょう。

さて、「裏マップ」のもう一つの使い方が、プロジェクトの実施・成果がもたらす関係者への影響を、一度多面的にチェックするために用いるということです。よく「あの人は視野が狭い」とか「多面的に見えてない」といった批判が聞かれますが、こういう人がリーダーになると、プロジェクトの途上で様々な問題があらわれて全体の停滞を招くことになります。

どうしてそういうことが起こるのかというと、**利害関係者の整理ができていないから**です。

ある人物がプロジェクトに影響を与える、あるいはプロジェクトの遂行上、どうしても協力が必要だとして、その人にとってプロジェクトの実施は、どういう影響を与えるのか？　その人の上司は誰で、その人は何に愛着を感じ、何を嫌悪していて、何によって評価され、どうすれば出世するのか。こういった要素をキーマンの一人ひとりについて分析して、プロジェクトの遂行上、踏んではならない「地雷」をあらかじめ見極めておくことで炎上を防ぐわけです。

第2章

プロジェクト序盤に注意すべきこと

最初期のミーティングでは期待値を超え、「貯金」をつくる

筆者がかつて先輩のパートナーからよく言われたこと、そしていまは若手のコンサルタントによく言っているのは、「**プロジェクトマネジメントはプロ野球のペナントレースと同じ**」ということです。プロ野球のペナントレースで優勝戦線に絡むためには、シーズン初期にどれだけ勝ち星を先行して挙げられるかが鍵になります。シーズン前半で、いわゆる「貯金」をつくることができれば、疲れがたまってくる夏場＝正念場を有利に戦うことができるのです。

プロジェクトオーナーをはじめとしたプロジェクトの関係者は、彼らなりに進捗のイメージを持っています。彼らの期待値をできるだけ低めに持っていくことが大事であることはすでに指摘しましたが、それがなぜ大事かというと、実際の進捗が期待値に届いていないと思うと、いろいろと厄介なことが発生してくるからです。

典型的にはマイクロマネージがそうです。マイクロマネージというのは、一挙手一投足、箸の上げ下ろしまで、徹底的に「行動」を管理するということです。進捗が遅

れていると思うと不安になり、不安になるがゆえに頻繁《ひんぱん》に報告させたり、あるいは作業内容について口出ししてきたりするようになるわけです。

逆に、プロジェクトの初期段階で、期待値としての進捗を、実際の進捗が上回っていると彼らが感じると、安心して任せてくれるようになります。さらりと書いているように思われるかもしれませんが、ここはとても大事なポイントです。初期段階で「このチームの進捗は危ない」と関係者に思われてしまうと、まず間違いなくそのプロジェクトは「つまらない」「辛い」プロジェクトになります。なぜか？　自己効力感が失われてしまうからです。

プロジェクトマネジャーはとても楽しい仕事です。なぜ楽しいのかというと、そのプロジェクトのオーナーシップを持てるからです。ゴールを描いて、そこに至るルートを設計し、チームの体制をデザインする。実はこれは建築家や映画監督がやっていることと同じで、つまりプロジェクトというのは、一種の「作品」だということです。

筆者は、**すべてのビジネスパーソンにはアーティストの感性が求められる**と考えている人間ですが、**プロジェクトマネジメントは、一種のアートプロジェクト**なのです。ではアーティストにとって最も嫌なことは何か。それは作品の制作途上であれこれと横から口出しをされることです。そのような過程を経てできあがった作品に対して、プロジェクトマネジャーは愛着を持てないでしょう。愛着のない作品を作るために知恵や腕力を絞り出すことを求められるわけで、だから「つまらない」し「辛い」のです。つまり、初期段階で関係者の期待値を超えるというのは、自分のプロジェクトを自分で仕切りきる、徹頭徹尾自分のプロジェクトとして完遂するために、とても重要なポイントなのです。

ことあるごとに「目的」に立ち返らせる

プロジェクトを開始する前に、プロジェクトの目的を明確化させることが重要であることはすでに指摘しました。プロジェクトの開始段階で重要なのは、この目的をことあるごとに伝えてチームメンバーに浸透させることです。

とは言っても、プロジェクトルームで毎日プロジェクトの目的を唱和させるということではありません。**プロジェクトの目的を伝えるのに最も適したタイミングは「メンバーが判断に迷ってリーダーに相談してきた時」です。**判断に迷うのは、判断に必要な優先順位や立脚点がぐらついているからです。

　ではなぜぐらつくのでしょうか？　多くの場合は、最終的な目的が明確にイメージできていないからです。最終的に達成したいことが腹に落ちていれば、ある程度経験を積んだメンバーであれば大概の意思決定は自分でできるはずです。

　この時、ポイントは決して教えず、**質問を通じて「自分で答えに至る」感覚を覚えさせること**です。具体的には次のようなやりとりです。

「山口さん、今日のインタビューですごい指摘があって、この方面のリサーチにもっと時間をかけてみたら、面白い情報が集まりそうなんです」
「うーん、確かに面白そうだけど……そもそもさ、このプロジェクトって、最終的に誰に何を提供するためにやってるんだっけ？」
「あ、そうか。もしかして社長はそんなの望んでない……」
「だよね。まずは当初の目的にしっかりと応えないと」
「先走ってましたね……」

　こういうやりとりを経ずに、相談を受けたリーダーが「必要ない！」と一蹴してしまっては、メンバーは思考のプロセスを追体験することができないために「説明もなく潰された」と感じてモチベーションを低下させてしまいますし、何より成長しません。

よく「メンバーの判断能力が低い」とか「メンバーが使えない」とか「指示通りに動かない」と言って嘆いているプロジェクトリーダーがいます。もちろん部下本人の力量の問題もあるかもしれませんが、筆者が見る限り、**その嘆きの原因の半分以上はリーダーの力量の問題**です。

「判断能力が低い」のは、判断の立脚点となるプロジェクトの目的や優先順位をリーダーが明確に伝えていないからです。

「指示通りに動かない」というのも、根っこの原因は同じで、これも「最終目的」がぼやけていて、個別の指示を文脈の中で意味づけすることができないために、「指示通りに動かない」のです。

本来、よほどの緊急事態でもない限り、しっかりと目標と優先順位を共有できているメンバーであれば、個別具体的な指示など必要ありません。

このような愚痴を普段こぼしているリーダーの方は、部下のあり方について不満を募《つの》らせる前に、まずリーダーとしての自分のあり方について考えてみた方が良いでしょう。

まとめましょう。プロジェクトの目的をメンバーに浸透させるのは、プロジェクトの初期段階における最も重要なリーダーの仕事の一つと言えます。そして、プロジェクトの目的は、表面的にこれを繰り返し唱和するようなことをやっても浸透しません。

重要なのは、思考プロセスの中でプロジェクトの目的に立ち返って考えるという行為を繰り返させることで、一種の判断基準になるように仕向けていく、ということです。

部下から質問が来た時、常にプロジェクトの目的に立ち返らせる質問を返す。こうすることで、プロジェクトチームのメンバーはやがて、判断に迷う際にいつもプロジェクトの目的に立ち返るようになります。その回数は一日に何十回という回数になるでしょう。これだけの回数をリーダーが唱和することはできません。判断の際には、常にプロジェクトの目的に立ち返るように促すことによって、心の中で何度もプロジェクトの目的を反芻《はんすう》するようになり、その結果として、メンバーの心にプロジェクトの目的が浸透するのです。

「やる気がない」「士気が低い」のはリーダーのせい

メンバーはリーダーを映す鏡だと考えてみましょう。メンバーの表情や行動から「やる気」が感じられない、メンバーのオーナーシップや士気が低い、といったことを嘆くプロジェクトリーダーは少なくありません。

しかし、だからといって「やる気を出せ」とか「オーナーシップを持て」とメンバーを叱責したところで、状況はほぼ間違いなく改善しません。

なぜなら、**メンバーのやる気のなさ、オーナーシップの低さの原因は、リーダーであるあなた自身にあるから**です。したがって、プロジェクトの途中で、メンバーのやる気が減退している、あるいは士気が下がっていると思われるときは、まず自分のどこに、メンバーのやる気を減退させ、士気を低下させる要因があるのか、ということを考えてみましょう。

ではメンバーのやる気を鼓舞《こぶ》し、士気を高めるためにはどのように自分の言動を改めればいいのでしょうか？　自分の経験に加えて、プロジェクトチームの士気を高い水準に保つリーダーを観察してきて、大きく二つの特徴があることに気づきました。

一つは、「**そのプロジェクトがどのような意義を持っているのかを継続的にリマインドさせる**」ということです。

プロジェクトの意義を伝えることが開始段階で非常に重要だということは、すでに指摘しましたが、プロジェクトが始まってしばらくしてくると、この意義が忘れられて、目の前の問題の解決に意識が集中してしまいがちです。

場合によっては、その問題は大変解決が難しく、肉体的にも精神的にも大きな負担がかかることもあるでしょう。

そういったとき、「そもそもこのプロジェクトはなんのためにやっているのか」という大義を忘れてしまうと、士気はどんどん低下していってしまいます。こういったときにこそ、リーダーは、「このプロジェクトはなんのためにやっているのか、これがうまくいかないと誰にどういう影響が出るのか」という点を語り続けることが必要になります。

では具体的にどれくらいの頻度で語るのか？　筆者が知る、ある敏腕プロジェクト

リーダーは、

「プロジェクトの意義？　一日二十回くらい語っているかなあ」

とこともなげに言っていました。

一日二十回というと、とても多いように思われるかもしれませんが、この人の場合は、たとえば部下から相談があったときに、

「このプロジェクトの最終目的ってなんだっけ？」

「○○ですよね……」

「だとすれば、もう答えは見えてない？」

「確かに……」

といったやりとり、つまり文脈に応じて常に「プロジェクトの意義」に立ち返って考えさせるような問いかけをすることで、一日二十回ほどプロジェクトの意義についてメンバーに思い出させている、ということでした。

さて、プロジェクトチームの士気を高めるための二つ目の要素が、「**期待役割の明確化**」です。平たく言えば「あなたにはこれをやって欲しい。これはとても大事な仕事だから頼むよ」といって任せるということです。

人は、自分がかけがえの無い存在として組織に属していると実感できるときに、大きな充実感をおぼえ、士気が高まります。逆に言えば、誰がやっても同じで代替可能だと感じるときに、人は大きな無力感を味わうことになるのです。

メンバーにやる気がない、士気が低いと感じられるのであれば、それは間違いなくリーダーであるあなたの責任です。

プロジェクトの意義をちゃんと伝えているか、その意義に自分自身がコミットできているか、メンバーへの期待を伝えているか、彼らの可能性を信じ切れているか、どれか一つでもほころびがあるようであれば、その小さなほころびからチームの士気は少しずつ漏れていってしまいます。

メンバーはリーダーの状況を示す鏡なのだと考えて、彼らを叱責する前にまずはリーダーとしての自分のありようについて考えてみましょう。

関係者を不安にさせない

プロジェクトの関係者、なかでもプロジェクトオーナーが進捗に不安を感じ始めるとマイクロマネージし始めたり、頻繁な報告を求められたりすることになります。

これをやられるとますますプロジェクトの生産性が低下し、さらにプロジェクトオーナーは不安になり、さらに細かくチェックし始めるという悪循環に陥ることになります。

こういった事態を避けるためには、まずは何よりも「関係者を不安にさせない」ということが大事です。

具体的には、**プロジェクトの初期段階において、当初想定されたよりも早め早めにレポートする**ということです。「レポートするような明確な進捗がない場合はどうするのか？」と思うかもしれませんが、そういう場合でも「進捗はあまりありませんが、大丈夫です」という報告が必要になります。

「便りのないのは良い便り」ということわざがありますが、これは親類や友人関係だけに言えることであって、プロジェクトリーダーとプロジェクトオーナーの間には成り立ちません。

ことプロジェクトに関して言えば、多くのプロジェクトオーナーは「便りのないのは、だいたい悪い便り」だと考えています。プロジェクトリーダーの不安はエコーのように拡大してプロジェクトオーナーに響くことになります。

進捗がかんばしくないので報告をしたくない、とプロジェクトリーダーが思っている時こそ、プロジェクトオーナーは最も不安を募らせている時です。こういう時こそ、先んじてプロジェクトオーナーに対してレポートすることが求められます。

あなたの不安に気づいていますよ、と知らせる

プロジェクトリーダーの最も重要な責務の一つが「関係者の不安を解きほぐす」ということです。

これにはとても繊細な感度が必要です。前項でも指摘した通り、プロジェクトの関係者が不安を感じ始めると、様々な悪影響がプロジェクトにもたらされることになります。

不安を感じさせないための最大のポイントはなんでしょうか？　最も重要な点は「**不安を共有している**」**と相手が思っていること**なのです。

プロジェクトオーナーをはじめとして、関係者の多くは不安を感じていてもそれを率直に言葉にしてプロジェクトマネジャーに伝えません。相手に不快感を与えること

を嫌がるからです。本当は進捗や見通しに不安を感じているのに、それをストレートには伝えない。

そうするとどうなるかというと、マイクロマネージを始めるのです。たとえば、「それまでは二週間に一度だった進捗の報告を一週間に一度にしてくれ」、あるいはプロジェクトのリスクについて、「もっと細かく詳細に精査してくれ」といった命令です。

不安を感じているにもかかわらず、「不安だ」と伝えることにはストレスが伴います。これは心理学でいうところの「葛藤状態」ですから、これを解消するためにこういったマイクロマネージをし始めるわけです。

そして、当然のことながらマイクロマネージが始まるとプロジェクトの進捗はますます遅くなり、メンバーも自己効力感、コミットメントを減退させてプロジェクトチームのパフォーマンスは低下します。

こういったとき、プロジェクトマネジャーは何をすればいいのか。一番大事なのは「**あなたが不安に感じていることを、私は知っていますよ**」と伝えてあげることなのです。

「進捗が遅れていることに、不安でいらっしゃると思いますが、今後、〇〇〇〇することで当初の予定通りに追いつきますからご安心ください」と伝えておくだけで、相手の不安は大きく解消されます。

逆に、これをやらないと関係者の不安はマグマのように溜まって、どこかで噴火してプロジェクトを破綻させる要因になります。

このとき、感度の鈍い人だと「このあいだまで何も言ってこなかったのに、なんで急に文句を言い出したんだろう」と感じられるのですが、こういった噴火がいきなり起こるということはまずあり得ません。実際には、長い期間をかけて不安や不満が積み重なり、それが小さなきっかけで噴火しているのです。

難易度の高いプロジェクトであれば、いくつかの不安要素が生まれるのは避けられません。これをなくそうとすれば、逆にプロジェクトの意味そのものも矮小化されてしまいます。

したがって、大事なのは不安要素をつぶすのではなく、関係者が抱く「不安だ」という気持ちを、プロジェクトマネジャーが理解した上で、さらに「あなたが感じている不安を、私は理解しています」と伝えてあげることなのです。

「何を言っても許される」ことを保障する

プロジェクトチームは、結成されてすぐに期待されたパフォーマンスを挙げるわけではありません。

教育心理学者のブルース・タックマンは、五〜十五人程度の小グループは一般に、フォーミング（＝形成期）、ストーミング（＝混乱期）、ノーミング（＝規範確立期）、パフォーミング（＝活動期）という四つの段階を経て形成されるということを指摘しました。今日では、この発展段階は一般に**タックマンモデル**としてよく知られています。

このタックマンモデルで興味深いのは第二段階のストーミング＝混乱期でしょう。このステージでは、プロジェクトの目的や達成のためのアプローチ、チームの価値観や優先順位などについて、メンバー同士の、あるいはリーダーとメンバー間での考え方の違いがぶつかりあい、チームは一時的に混迷状態に陥ります。もちろん、状態としては好ましいものではありません。しかし、タックマンは「**このステージを乗り越えない限り、第三ステージのノーミング＝規範確立期には移れない**」と指摘しています。つまり「状況としては好ましくないものの、ここを避けているといつまでも本当のチームにはならない」と言っているわけで、発達段階における反抗期のようなものなのです。

チーム形成とパフォーマンスの関係

さて、ここで視点を変えてチーム形成とパフォーマンスの関係について考えてみましょう。プロジェクトチームのパフォーマンスを最大化させるためには、各個人がプロジェクトの目的や課題をよく理解した上で、問題解決のために知恵を絞り、それを結集させることが必要になります。

プロジェクトチームを一つの情報処理システムとして考えてみればわかりやすいでしょう。情報処理システムとしての出力をスピードとクオリティの点で高めたければ、各個人が持っている情報や意見をどんどんアウトプットし、それを皆で議論して次のアクションにつなげていくことが必要になります。

ここで先ほど紹介したタックマンモデルのステージが問題になってきます。チームが結成された当初は、クラス替えの直後のような状況ですから、皆が表面的には穏やかな態度を取っているものの、実際には疑心暗鬼になっている状況です。「こんなことを言ったらバカにされるんじゃないか、反対されるんじゃないか」ということをいつも考えているわけですから、意見は明確にせず、少しずつ小出しにしてみて、周りがどういう反応をするかという「駆け引き」のような状況が続くことになります。このような状況では、皆が自由に意見を出し合うことはありません。つまり、タックマンモデルの第二ステージ＝ストーミングの時期を越えないと、チームの中で自由闊達な議論が行われないわけです。

ストーミング＝混乱期を早期に乗り切るには、**リーダーによるチーム憲章の宣言が有効**になります。チーム憲章とは、そのチームにおいてメンバーが守るべき基本ルール集のことです。日本では小っ恥ずかしいと思う人が多いからか、あまり作られませんが、海外のプロジェクトではよく見かけます。

このチーム憲章を作成するにあたっては、リーダーだけでなく、メンバーからも意見を出してもらいます。別に難しい内容である必要はありません。自分がプロジェクトメンバーとして、大事にしたいことをそれぞれのメンバーに書いてきてもらうだけです。そして、このチーム憲章にぜひとも入れておきたいのが「すべての意見を歓迎する。絶対に否定しない」という項目です。これをリーダーとして掲げ、メンバーに

チーム形成のプロセス（タックマンモデル）

フォーミング（形成期）	ストーミング（混乱期）	ノーミング（規範確立期）	パフォーミング（活動期）
メンバーが決まり、目標や課題を共有するがお互いのことはよくわからない	アプローチや役割を模索するが、メンバー間で価値観や優先順位の違いがぶつかり合う	チームとしての行動規範や役割分担が形成される	チームとして機能し、成果が生み出される

↓

- チームは4つのステップを経て形成される。
- 2ステップ目のストーミング（混乱期）は、リーダーにとってもメンバーにとっても苦しい時期だが、ここを避けて一足飛びにノーミング（規範確立期）に行こうとしても、モヤモヤ感が拭えず、チームとしては一体感が生まれにくい。

も守って欲しいとお願いすることで、疑心暗鬼になって言いたいことを言わずに空気を読む、といった状況が発生することをできるだけ避けるのです。これは一度伝えただけではなかなか徹底されません。なぜかというと、そういう風に言われて発言したらこっぴどく否定された、という経験を誰もが持っているからです。だから、一度掲げるだけでなく、それこそ会議のたびに「ちゃんと本音を全部出しているか？　チーム憲章を守っているか？」と問いただすことが必要になります。

チーム内の「情報流通量」を増やす

プロジェクトチームの力量は、どのようにして決まるのでしょうか？

多くの人は**「個々のメンバーの力量が高いチームは、チームとしての力量も高い」と考える傾向がありますが、これははっきり言って誤解**です。

心理学者のアーヴィング・ジャニスは、世界で最も賢い人たちの集団が、信じられないほどに愚かな意思決定をした歴史的な事例を集め、必ずしも集団の個別構成員の平均的な能力の高さが、集団全体のパフォーマンスの高さと相関しないということを証明しました。

ジャニスはヴェトナム戦争やピッグス湾事件、ウォーターゲート事件といった「プアな意思決定」を、この結論を導き出すための材料にしていますが、太平洋戦争を引き起こしておきながら、戦後になって「私は戦争には実は反対だった」と言ってはばからないエリートたちを見れば、私たちにとっても「さもありなん」という話に思われるはずです。

チームの力量は、必ずしも個別構成員の平均的な能力の高さに相関しません。

では何がチームの力量を決めるのでしょうか？

それにはいくつかの要素があります。勇気付けられるような目標やビジョンというのはその代表的な要素の一つでしょう。人は共感できないような目的やビジョンのためには潜在的な能力をフルに引き出すことはできません。

そして、次に重要なのは、**チーム内で流通する**「**情報の量**」です。チームの中で流通する情報の量が減ると、必ずといっていいほど、プロジェクトは危険な状況に陥ります。

プロジェクトチームを一つの船にたとえてみましょう。プロジェクトチームのリーダーは艦橋にいます。彼の仕事はゴールを決め、そこに至るルートを決め、クルーに役割を与えることです。役割を与えられたクルーは様々な持ち場につき、そこで自分の職務を果たすわけですが、現場では機械の故障や気象の急変など「想定外のこと」が起きます。

この「想定外のこと」が発生した時、それがどれだけ早くリーダーや他のメンバーと共有できるかがその船の安全な航海にとって大変重要であることは皆さんにもおわかりいただけると思います。

失敗に終わったプロジェクトについて分析してみると、この「情報流通」に大きな問題があったことが少なくない……いやむしろ、**失敗したプロジェクトでは必ず、何らかの形で情報流通に問題があった**と筆者は考えています。

先述したアーヴィング・ジャニスの研究事例を取り上げてみましょう。たとえばピッグス湾事件の場合、ＣＩＡがケネディ大統領に提案した計画に対して、他の閣僚は「あまりの大胆さにぶったまげた」としながらも、「専門家のＣＩＡが太鼓判を押しているんだから、まあ大丈夫なんだろう……」と口をつぐんでしまっています。

日本に目を転じれば、みずほ銀行の統合の際に発生したＡＴＭの大規模なシステム障害についても、現場からは何度も「このシステム統合は危険」という警鐘が鳴らされていたにもかかわらず、その情報が組織の上層に上っていくに従って「非常に危険」から「リスクがある」に変わり、最後は「非常に難しい……が、全力で頑張ります」と旧日本軍を思い出させるような根性論に変容していったことがわかっています。

「正しい情報を、早く正確に共有する」というのは、プロジェクトのクオリティを高く保つ上で非常に重要なポイントだということです。

自己開示で疑心暗鬼を取り除く

筆者が好きな言葉の一つに「ぶっちゃけ」というのがあります。

もともとは「ぶっちゃければ」という言葉で、さらに遡《さかのぼ》れば「打ち明ければ」が語源になります。腹蔵なく思っていることを話せば、といったニュアンスになるでしょうか。

特にプロジェクトチームのメンバーがそれほど知り合って間がない場合、お互いに「ぶっちゃけ」て話すことがなかなかできません。こういう状況のままにプロジェクトを始めてしまうと、どうしてもチーム内の情報流通量を高めることは難しいでしょう。

こういう時、つまりリーダーとメンバーが知り合って間がない、あるいはメンバー同士知り合って間がないという場合、できるだけ短期間で**「長く一緒に働いている」ような関係を作ってもらうこと**が重要になります。この時に有効なのが「リーダーズインテグレーション」という仕掛けです。

一般的には、リーダーズインテグレーションは以下のようなプロセスで進めます。

1：リーダー以外に、ファシリテーターを一人決める
2：リーダーが自己紹介し、目標や方針（含むチーム憲章）を発表
3：リーダーは退場
4：リーダーについて、知っていることを挙げてもらう
5：リーダーについて、知りたいことを挙げてもらう
6：リーダーに対して、知っておいて欲しいことを挙げてもらう
7：発表された目標や方針について、皆で意見を出す
8：リーダーが入場し、メンバーは退場
9：ファシリテーターはリーダーに議論の内容を説明
10：リーダーが、4～7の質問やコメントに答える
11：懇親会

リーダーとメンバーが知り合って間もない状態の時は、必ずメンバーもリーダーも疑心暗鬼になります。「本当は聞いてみたいんだけど、ちょっと失礼かな」という思

いをずっと抱え、お互いにモヤモヤしながら過ごすことになるわけです。このモヤモヤ状態が続く限り、チーム内の情報流通量は増加しません。

なぜ情報流通量が上がらないのでしょうか？

情報を伝えた相手がどのように反応するか、情報の送り手側が判断できない場合、情報の流通量は低下することになります。

これは想像してみれば容易にわかることでしょう。一般に、長く一緒に働いている人たちの間で情報流通量が増加するのは、情報を渡すことでどのような反応をするかが予測できるからです（逆に、情報を渡すことで怒られると予測される状況では情報流通量は低下することになります。スターリンやヒトラーのもとに、最終的に彼らに都合の良い情報しか上がってこなくなったのはこのためです）。

情報を与えた時にどのような反応をされるのか予測がつかない状況では、メンバーが情報を伝えるのに躊躇《ちゅうちょ》するのは当然のことです。したがって、リーダーとメンバーが知り合って間がない場合、そのリーダーがどのような人物なのか、そして渡される情報については、それがどんなものであろうと歓迎するという考え方であることを、明確に伝えておくことが必要になります。

これはもちろん、先述したチーム憲章の中で触れてもいいことなのですが、それ以上に、リーダーの「人となり」や「価値観」をプロジェクトの初期段階で知っておいてもらうことは、様々な面で良い効果をチームに与えます。

横同士のコミュニケーションを取らせる

本番を間近に控えたベルリンフィルのリハーサルの風景。タートルネックのセーターに身を包んだカラヤンが颯爽と指揮台に上がり、コンサートマスターと握手をする。曲はシューマンの交響曲四番第一楽章。出だしのオスティナート（繰り返し現れる音形のパターン）が最初の見せ場なのだが、どうしても指揮者のイメージに音が合わない。その時、カラヤンが第一バイオリンに向かって言う。

「私を見ないで、フルートによく耳を傾けてください」

プロジェクトの目的を浸透させることで、何か判断に迷うようなことが起きた場合でも、わざわざリーダーの指示を仰ぐことなく、メンバー個人が、自律的に判断できるようになります。リーダーの判断をわざわざ仰ぐことなく、組織が動いていくようになる。つまり**チームの「自律性」が高まる**のです。

プロジェクトチームの自律性が高まると、意思決定のスピードは上がり、判断のミスが少なくなり、メンバーの自信・モチベーション・成長スピードは高まります。要するに、自律性の高いチームというのは、そうでないチームと比較してあらゆる意味で「強い」ということです。

メンバー同士の「横のコミュニケーション」が活発化されると、チームの自律性はより高まることになります。すべての情報を、リーダーをハブにして経由させようとすると、チーム内の情報流通量はリーダーの処理能力に依存することになります。

組織をネットワークとして、リーダーをルーターとして考えてみれば、このネットワークに流通する情報の量はルーターの処理能力に比例することになります。プロジェクトが安定飛行していてルーターの処理能力に余裕があるときは、これはこれで構わないのですが、何度も指摘している通り、大きなプロジェクト、難易度の高いプロジェクトでは必ず想定外のことが起こり、リーダーはその火消しのために奔走することになります。

この時、情報流通をリーダーに頼っていると、メンバーの自律的な動きは阻害され、危機にスピーディに対応することができません。これは大矛盾ですよね。したがって、プロジェクトの初期段階、まだ大きなトラブルが発生していない段階で、メンバーが相互に情報をやりとりして、他のメンバーの状況変化に即応して自分の行動について考えるような関係性を作り上げることが大事です。

アイシン精機の事例

組織における自律性を考えるにあたってとても示唆的な事例を一つ紹介しましょう。トヨタグループの企業であるアイシン精機の事例です（参考：「震災で試されるトヨタの『絆』」MONOist　二〇一一年四月二十五日／井上久男）。

一九九七年二月、アイシン精機刈谷工場で火事が発生し、工場一棟が全焼しました。刈谷工場で作っていたのはプロポーショニング・バルブ（ＰＶ）と呼ばれる部品でした。自動車のブレーキに関わる重要部品で、製造過程はすべてアイシン精機のグループが担っていました。

トヨタは、ほぼすべてのＰＶをアイシン精機に発注しており、アイシン精機のＰＶの生産は、すべて刈谷工場で行われていました。つまり、刈谷工場が全焼したという

チームにおける横連携

横連携できないチーム

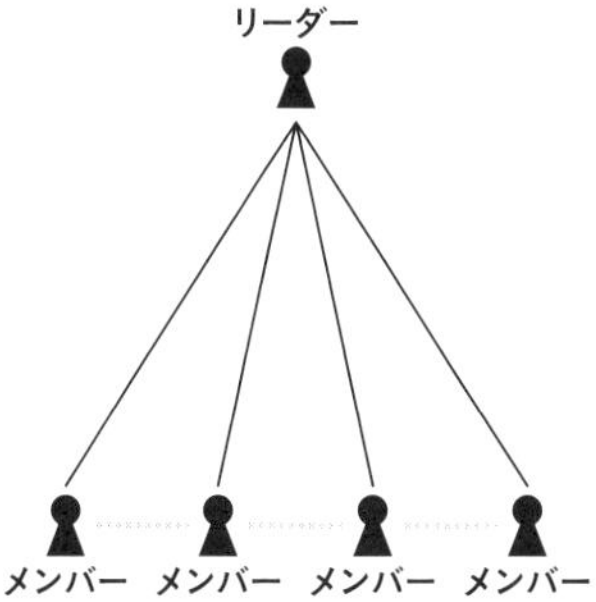

↓

- リーダーと個別メンバーのコミュニケーションが中心で、メンバー間のコミュニケーションが少ない。
- カルト教団や独裁型組織のモデルでリーダーに全権を依存する形態。

横連携できるチーム

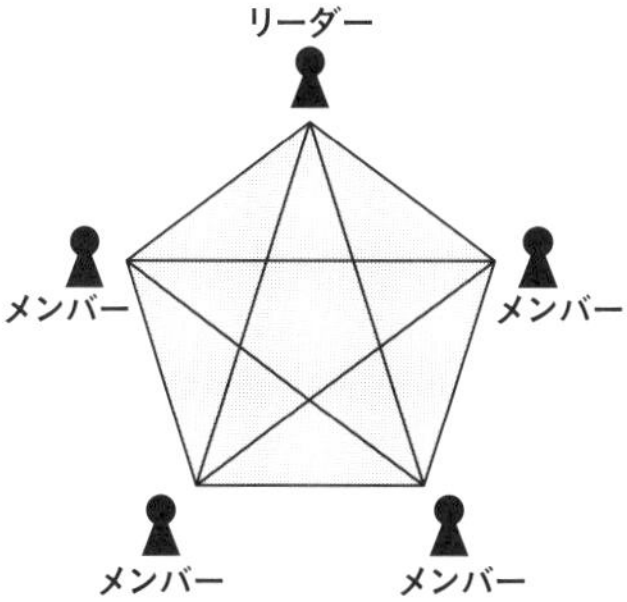

↓

- リーダーとメンバー間だけでなくメンバー間にも活発なコミュニケーションがある。
- コミュニティやネットワーク型組織のモデルで、組織メンバーひとりひとりの潜在能力に依存する形態。

ことは、トヨタにおけるほぼすべての自動車生産がストップすることを意味していま す。

当初「回復に一ヶ月はかかるだろう」とも言われたこの災害に、トヨタグループは一種のパニックに陥ります。

しかし、本家のトヨタグループがアイシン精機と工場再開の計画について議論している中、PVの供給はわずか数日で再開されることになったのです。一体どうして、こんなことが可能だったのでしょうか。

ウォール・ストリート・ジャーナルは、この事件を「驚異的な復旧」として大きく取り上げました。面白いのは、同紙が「火災そのもの」よりも「火災からの復旧」に注目して記事を書いている点です。

なぜそんなにも早く復旧できたのでしょうか。火事の直後、トヨタとアイシン精機は、近くの体育館に部品メーカーを集めて代替生産への協力を要請しました。ただし、混乱状態の真っ只中ですから両社ともに具体的な指示は出せません。体育館に集まったのは、アイシン精機の発注先、つまりトヨタからすれば二次、三次のサプライヤーということになりますが、実は彼らが自発的に動くことでこの驚異的な復旧が可能になったのです。

たとえばアイシン精機と取引関係がある刈谷市の工具商社の社長さんは「ＰＶの工場が火災だと知って、これは大変なことになると思った。工作機械も焼けてダメになっているだろうから、ＰＶを作る工作機械用の特別な刃具を今のうちにかき集めておかないと復旧できないと思い、トヨタやアイシン精機から依頼がある前から、すでに全国で刃具の調達に走っていた」と語ったそうです。

あるいは、アイシン精機の取引先である別の部品メーカーでは、それまでＰＶを生産した経験はなかったものの、設計図を借りてきて、そのとき手元にあった汎用機でＰＶが作れないものか、と試作を始めました。専用機であれば数秒で一個というペースで生産できるのに対して、この汎用機は仕上げに手作業を伴うことから、生産効率ははるかに劣るものの、とはいえ「ＰＶがまったくない」という状況はすぐに回避されたのです。

なぜ、こんなことが可能だったのでしょうか。この事例は、ビジネススクールの教材にも取り上げられるほどで、多くの経営学者やジャーナリストが研究の対象にしています。それぞれの論者によって強調しているポイントは異なるものの、共通して取り上げているのが「若芽会」という組織の存在です。

アイシン精機には、取引先の経営者の跡取りを受け入れて育成する制度があります。この制度によって研修に参加した卒業生が、継続的な親睦や情報交換のために組織しているのが若芽会です。若いときからアイシン精機の考え方や価値観に触れるとともに、そこに参加している他の企業とのネットワークを作っているのです。そういった「**会社間の壁を越えたネットワーク**」「**価値観の共有**」が、危急の際の「あうんの呼吸」につながり、本来、復旧に向けたリーダーシップを発揮しなければならないトヨタが、具体的な復旧対策を打ち出せていない中、メンバーであるグループ企業が横連携をしながら自律的に生産機能を回復する、ということが可能になったのです。

アイシン精機の刈谷工場の火災と復旧の物語は、「目標の共有」と「横連携の密度」が、自律的な組織には求められるということを示唆しています。

リーダーがすべての意思決定を行う、というのは一種の幻想でしかありません。そのような組織モデルは有効でも健全でもないし、さらに言えば美しくありません。危機に対して本当の意味で対応力のある、しなやかでしたたかで速いチームを作ろうとすれば自律性は欠かすことができません。

そして、自律性を持たせるためには、メンバー個々に対して目的や判断軸をしっかりと共有させることと、横同士の情報流通を高めることが非常に重要だということです。

このような状況を作るためにも、メンバー同士がコミュニケーションをとってすり合わせるような関係を初期段階で作っておくことが重要です。

複数のプロジェクトオーナーと個別に会わない

> 基本的にはゴジラなどと同様に内部にスーツアクターが入って演技する着ぐるみ怪獣だが、三つの頭に加えて大きな双翼、さらに二本の尻尾を持ち、それぞれが独立した動きをするため、ピアノ線操作におよそ二十五名前後の人員が必要であるなど、操演は困難を極める。
>
> 三頭の怪獣「キングギドラ」についてのWikipediaの解説

これは何もプロジェクト開始時に限らず、プロジェクト全般を通じて気をつけなければいけない点なのですが、**複数のプロジェクトオーナーがいる場合、それらのプロジェクトオーナーの一人ひとりと、個別に会うということはなるべく避けた方が得策**です。

プロジェクトオーナーとプロジェクトリーダーでは、当然のことながらプロジェクトオーナーの方が権限は大きいということになります。したがって、プロジェクトオーナーから提示された要件や仮説は、無下《むげ》に扱えず、何らかの対応をせざるを得ないということになります。

このとき、プロジェクトオーナーが一人であれば、別に問題ないのですが、**複数のプロジェクトオーナーがいる場合、これらの要件や仮説が矛盾するケースが必ず起きる**のです。

たとえば、赤字を垂れ流しているグループ企業をどう立て直すか検討するプロジェクトがあったとしましょう。グループ企業の立て直しというようなテーマの場合、少し考えただけでもＣＦＯ＝最高財務責任者、経営企画のグループ企業管理担当者、事業上関連のある部署、ＣＯＯ＝最高執行責任者など、複数の「何か言ってきそうな人」が思い浮かびます。

このとき、財務責任者からは「立て直しをするだけの意味を見いだせない。売却が基本的な方針だと思うので、その方向でまとめてくれ」と言われる一方、事業サイドの関係者からは、「単体で見ると赤字だけれども、本社の事業にビジネス上の貢献をしています。存続を前提にして管理会計上の処理で生き残れるようにしてほしい」と

オーナーとは個別に会わない

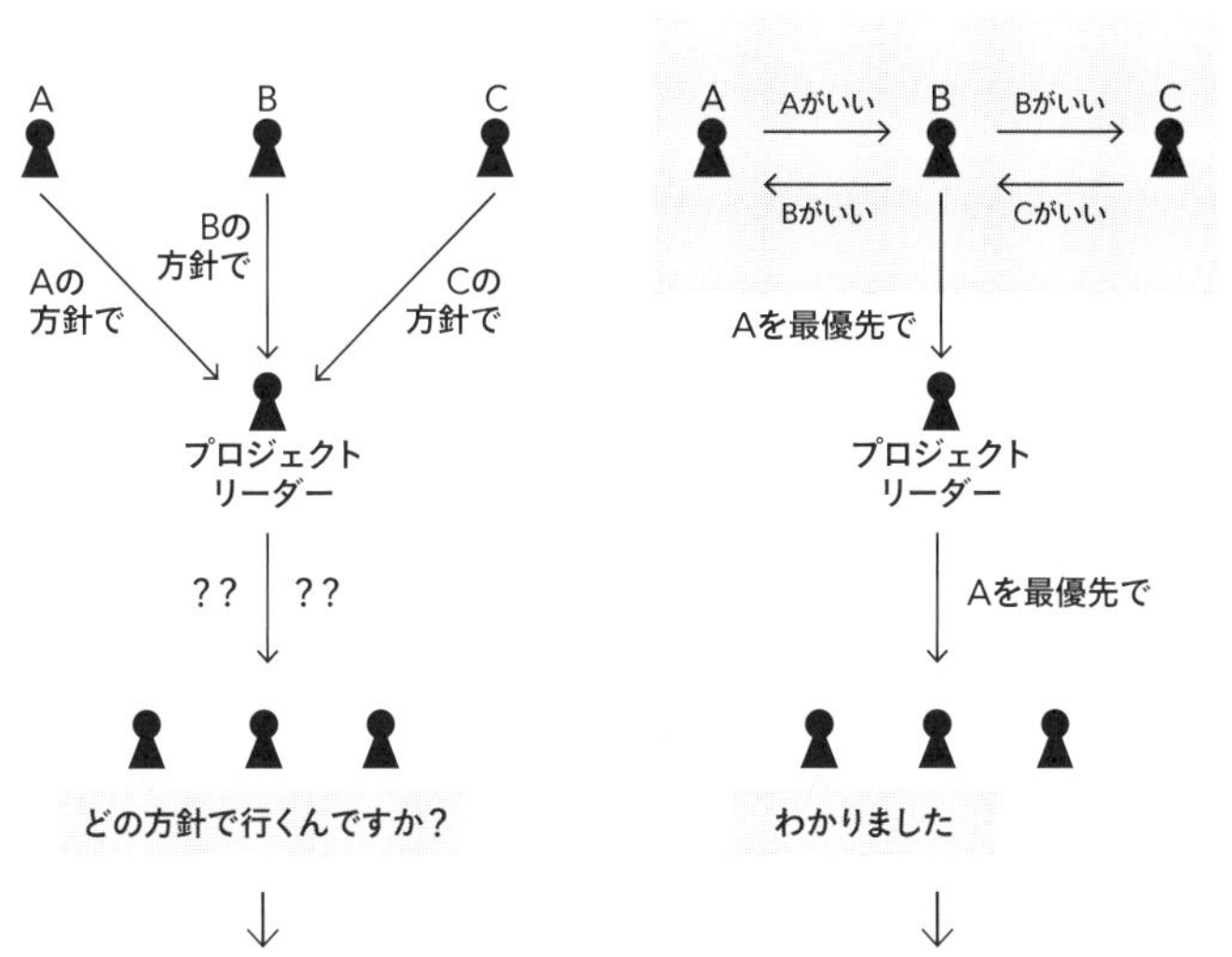

各々のプロジェクトオーナーから勝手な意見をもらい、チームが混乱

プロジェクトオーナー同士ですり合わせ、チームの方針が明快に

言われたとすると、プロジェクトのリーダーとして、非常に微妙な立場に立たされてしまいます。

こういったことは「たまにある」のではなく、大きな問題を取り扱うプロジェクトになると「必ず」起きます。

プロジェクトで取り扱うことになるような問題というのは、往々にして部門間や立場間での利害関係や政治力学が絡むことになりますが、逆に言えば、であるからこそ、これまで問題を処理できずにそこまで大きくなっているということなのです。

利害関係の摩擦を解消する方法

この利害関係や政治力学の摩擦をプロジェクトチーム内で解消しようとすると大変なストレスをリーダーにもメンバーにもかけることになりますから、自分たち（プロジェクトチーム）の問題ではなく、プロジェクトオーナー間の問題として、彼らに処理させることが必要になります。

こういう状況では、基本的に、お互いに面と向かって議論して、お互いの考えを論難することを避けようとするプロジェクトオーナーたちに対し「**勝者の論が一つ残る**

まで待つ」あるいは「**お互いの矛盾をより高次元で解決する別の解に全員が納得するまで待つ**」ということが必要になります。

具体的には、まず個別にプロジェクトオーナーたちと議論し、プロジェクトに対する期待や、現時点で考えている落としどころ、その論拠について、それぞれのプロジェクトオーナーの考えを引き出します。これは、個別のインタビューをやって本音をできるだけ引き出すことを心がけます。

次に、集まった情報をもとに、プロジェクト実施上の優先順位の齟齬《そご》や落としどころの矛盾等について整理した上で、プロジェクトオーナーが一堂に会する場を作り、具体的な個人名もあげた上で、意見の対立があること、優先順位に齟齬があることを明らかにして、彼ら同士で決着させるようにします。

こういう時、プロジェクトリーダーはあえて「融通の利かないコンピューター」のように振る舞う必要があります。

空気に流されて「なあなあ」の結論を飲み込まない、ということです。

こういった状況を設定して、意見に齟齬があること、優先順位に認識のギャップがあることを具体名も含めて指摘すると「いやいや、本質的には同じことを言おうとしている」とか「誤解があったようで、○○さんの意見と根本は同じ」などと日和った発言をして、その場での衝突を回避しようとするプロジェクトオーナーが出てきます。

これをそのままに「本質的に同じ……はあ、そうですか」と飲み込んでしまうと、結局、調整のコストをプロジェクトチームに移すだけになり、後でメンバーが必ず苦労しますから、ここで引き下がってはダメなのです。

「本質的に同じ、ということですね。では先日ご指摘いただいた優先順位は間違っていたので、〇〇さんの指摘する優先順位と同じということで進めていいですね？」とデジタルに追い込んでいかなければいけません。

場合によっては、この優先順位が整理できるまではプロジェクトをスタートさせられませんから、あとは自分たちで話して決定したら教えてくれ、というくらいで構いません。

ここまで読まれて、サラリーマンの自分にはそんなことできないよ……と思われた方もいらっしゃるかもしれません。確かに、プロジェクトオーナーの多くは役員でしょうし、一介の中間管理職が、このように振る舞うことには抵抗感をおぼえるかもしれません。

しかし、プロジェクトが失敗に終わった場合、評価を下げるのは他の誰でもない、プロジェクトリーダーである当のあなた自身なのだということを忘れないでください。

筆者自身もこれまでに数多くのプロジェクトのリーダーを務めてきましたし、コンサルタントとして、顧客企業のプロジェクトを数多く観察してきましたが、プロジェクトを成功させるリーダーというのは、徹頭徹尾「プロジェクトを成功させるためには何が必要か？」という意識で動く人たちです。

そして、そういう人たちが必要に応じて行っている**上位役職者の人たちとの「生意気なやりとり」は、多くの場合、その人の高評価につながっている**というのが筆者の印象です。突き抜けるようにして上がっていく人というのは、ほぼ間違いなく「生意気」な人なのです。

まとめましょう。プロジェクトオーナーが複数いる場合、個別のプロジェクトオーナーとバラバラにコミュニケーションをとると、必ず調整が非常に難しい局面が出てきます。

この局面が、プロジェクトの中盤以降で出てくると、プロジェクト運営が大変難しくなるので、できるだけ早い段階でプロジェクトオーナー間の思惑の違いや期待値のギャップをあぶり出して、それらを調整させるために彼ら自身が議論し、基本的な方針として落ち着かせるための場を設定するように心がけましょう。

第3章

プロジェクトをうまく「着陸」させる

リソースの適切な配分に留意する

プロジェクトマネジャーが管理できるリソースのうち、配分にデリケートな配慮が必要なのが「**メンバーの時間**」です。たとえば、プロジェクトチームに三人のメンバーがいたとすれば、配分出来るリソースの原資は、一週間で一日八時間×五日×三人で、一二〇人時間ということになります。この一二〇人時間を、どのような作業に配分すれば、もっとも生産性が高いかを考えて、作業のポートフォリオを管理するのがプロジェクトマネジャーの仕事になります。

では、どのようにしてメンバーの時間配分を管理するか。

筆者がよくやっているのは、週の終わりに、次の週の活動計画、つまり作業の内容とかける時間をスケジュール管理ソフト（筆者の場合はマイクロソフトのアウトルック）に記入してもらい、それをもとに打ち合わせをする、ということです。このスケジュールを見ながら、無意味な作業、スジの悪いワークに時間を使いすぎていないか、バランスが崩れていないかをチェックします。

たとえば、かつてこんなことがありました。日本企業のＩＴ活用のレベルについて、国際的な比較をするというリサーチをお願いしたメンバーがいたのですが、そのメンバーのアウトルックに丸一日の時間をかけて「国会図書館でリサーチ」という作業項目が入っていました。

状況を聞いてみると、そのものズバリの「日米企業のＩＴ活用比較」というレポートがなかなかないため、国会図書館でじっくりと調べてみたい、ということでした。

これは典型的な「スジの悪いリサーチ」です。利用されたことのある人はご存じだと思いますが、国会図書館は開架式の図書館ではありません。閲覧したい資料を司書にお願いして必要部分をコピーしてもらう必要があります。そのものズバリという資料の目星がついているのであればまだしも、雲をつかもうかという状態で国会図書館に行ったとしても、まず徒労に終わるはずです。そうすると貴重な一人日はプロジェクトから失われてしまう。

このときは、

「うーん、ここまで調べて見つからないのであれば、国会図書館に行っても状況は変わらないと思うよ。ここはアプローチを変えて、そういった比較論文を探すのではなくて、ＩＴ活用の成功事例・失敗事例をたくさん集めて、そこから法則やパターンを帰納するという方向にしない？　だから、雑誌とか書籍を通じて、そういう個別企業の事例を探してよ」ということで、作業内容を大幅に改変し、結果的にはそこから有益な示唆が得られてプロジェクトが大きく前進することになりました。

　プロジェクトメンバーの時間配分については、あまりに細かく口を出すとマイクロマネージになってしまうので注意が必要ですが、一週間くらいのカタマリで、何にどれくらいの時間を使うのかについては、確認しておくと良いでしょう。

聞く、聞く、聞く

聞き上手な人は、概して人たらしになりやすい。人の話を聞くこと自体が、相手にとっての報酬となるからである。私たちは自分の話を聞いてもらえると大変にうれしいのだ。

内藤誼人（心理学者）

多くのプロジェクトリーダーは、「メンバーが、何らかのリスクや危険性を感知した場合、それをリーダーに相談してくれる」と考える傾向があります。

これは非常に危険な傾向と言わざるを得ません。過去の大きな事故やトラブルを検証してみると、現場ではわかりきっていたリスクや危険性の存在が、組織内でエスカレーションせず、結果的に組織的な対応が後手に回ることで発生していることがわかっています。

たとえば、二〇〇二年四月に発生したみずほ銀行の大規模なＡＴＭトラブルでは、システム統合に携わっていた多くの現場社員が「こんなことで間に合うはずがないと思っていた」と言っていますし、二〇〇三年に発生したスペースシャトルコロンビア号の空中分解事故では、発射時に機体から剥離《はくり》した断熱材が主翼に衝突してできた「穴」について、多くの技術者が強い懸念を感じていながらも、それを声に出すことなく、結果的に何の対策もとられずに大気圏突入した結果、機体は空中分解してしまいました。

これらの事例は、「**メンバーというものは、リーダーが考える以上に、自分の懸念や心配ごとをリーダーに相談することを忌避《きひ》しようとする傾向をもっている**」ということを示しています。

第４章で詳述しますが、僕には「リーダーは上機嫌たれ」という持論があります。

メンバーができる限り気負わずにいろいろな相談ごとをできる雰囲気をプロジェクトチーム内で醸成することで、心に秘めている心配ごとを隠してしまうことを防ぐためです。

そしてさらに、リーダーはそういった雰囲気をつくった上で、より積極的に「心配ごとない？」といったことを聞いてあげる必要があります。

このとき、ポイントになるのは「リーダーとメンバーの二人きりのとき」にやる、ということです。たとえば移動中のタクシーの中や、会議室の中で他の人がいない状況です。

なぜかというと、メンバーが感じている心配ごとが、他のメンバーの不利益につながる可能性があるからです。

たとえば、典型的にはあるメンバーがコンプライアンス的にグレーなことをやっている場合、それに気づいた別のメンバーは、当のメンバーの面前でその心配をプロジェクトリーダーにはぶつけられません。こういう場合は、リーダーとメンバーの二人きりになったときに、「そういえば、このプロジェクトで懸念とか、心配ごとってある？」と聞くことで、「実は、私からお話ししたということは内密にして欲しいんですけど……」という話が聞きだせるのです。

まとめましょう。まず、メンバーというものは、自分が思っている心配ごとについて、いよいよ本当にヤバいという段階になるまで、リーダーに上げてこないものだと考えてください。その上で、リスクを未然につぶしていくためには、メンバーが察知している「心配ごとの小さな種」を、積極的に聞いて回ることが必要です。そして、聞く際には、できる限り「周りに人がいない状況」でやること。これが、大きなトラブルを未然に防ぐために求められるプロジェクトマネジメント上のコツです。

聞くことでモチベーションを高める

前項では、メンバーに積極的に意見を求めることで、大きなトラブルの芽を早い段階で摘むことができると指摘しました。

しかし、メンバーに意見を求める効用はそれだけではありません。メンバーに意見を求めることで、参画意識を高め、モチベーションを維持・向上させることが可能になります。

この、いわゆる「**聞き耳のリーダーシップ**」を発揮して、チームの士気を高めることに長けていたのが南極点に初めて到達したノルウェーの探検家ロアール・アムンセンでした。

アムンセンは幼少期から探検家を志し、様々な分野のスキル・知識を習得している「プロの探検家」でした。そのアムンセンは、ことあるごとに隊員たちに意見や提案を求めています。

これは、南極点到達レースを争った英国海軍の軍人、ロバート・スコットと対照的です。

たとえば、いわゆる「雪目」を防ぐための雪メガネのデザインに関するエピソードなどがわかりやすいでしょう。アムンセンは、どのような雪メガネがいいか、隊員たちから提案を募集しています。おそらく、その時アムンセンには、長い雪国での体験から、どのような雪メガネが良いかについて、自分なりの確固とした考え方があったはずです。

しかし、そのアイデアは出さずに、まずは隊員からアイデアを募ったのです。こういうところに、隊員一人ひとりの意見を尊重し、結果としてチームの参画意識、自主性、モチベーションを高く保とうとしたアムンセンのチーム運営に関する姿勢がうかがえます。

一方のスコットは、チーム運営に厳格な海軍の階級制度を取り入れていました。考えるのは隊長であるスコットで、メンバーは忠実に従順にスコットの命令に従うことを求められたのです。

結果はどうであったか。自主性も参画意識も持てないメンバーのモチベーションは低下します。スコット隊は、様々な局面で小さなケアレスミスを繰り返し、この小さなケアレスミスが積み重なって結果的に全滅してしまいます。筆者は、この士気の低さが、続発したケアレスミスにつながったのだと考えています。スコット隊の「肩のこる雰囲気」が、隊員一人ひとりの自主的な注意、配慮をなくしてしまったのです。

スコット隊は結果的に全滅したわけですが、記録を見返してみると、隊員が死んでいった順は、階級の低いものからだったことがわかります。隊長はその責任感から、最後まで頑張ったという能天気な見方もあるかもしれませんが、筆者は、スコット隊の厳格な階級制度が、階級の低いメンバーに心理的・肉体的なストレスを与え、死を早めたのだと考えています。

キーマンの時間は、最初の段階で押さえておく

多くのプロジェクトには、プロジェクトの方向性に関して意思決定権限を有するキーマンが複数存在します。こういったキーマンと、少なくとも月に一回はコミュニケーションを取り、**プロジェクトの向かっている方向に大きなズレがないことを確認する**ようにしましょう。

キーマンとのコミュニケーションが疎遠になると、大きく方向がズレているままにプロジェクトを進行させてしまうことになりかねません。方向がズレている、というときに、早期に是正できれば手戻りは少ないですが、方向がズレたまま長期間プロジェクトを進行させれば、当然手戻りは多くなり、メンバーのモチベーションは大きく低下してしまうことになります。

具体的には、こういったキーマンは忙しい人が多いので、間際になってからでは時間がとれないことが少なくありません。ですから、プロジェクト開始の段階で、それから先三ヶ月くらいの期間にわたって、月に一回程度のミーティングのためのスケジ

ユールを秘書に押さえてもらっておくといいでしょう。別にミーティングの必要がなければそのときにキャンセルすればいいのです。一方で、どうしてもキーマンの判断を仰ぐ、あるいは関係者でコンセンサスを作らないと前に進めないという局面で、なかなかキーマンの時間がとれないという状況になると、せっかくプロジェクトの前半で作った「時間の貯金」を、ここでみすみす払い出す羽目になります。

定例会議では「やったこと」ではなく「その時点での結論」を出す

キーマンとの定例ミーティングを行う際、注意したいのが、**報告するのは「進捗」ではなく「その時点での結論」**だという点です。定例会議等の報告会でよくなされる報告は「やったこと」に終始しがちです。

つまり「アンケートを実施した」とか「キーマンインタビューをやった」とか「プロトタイプを作ってみた」といったアクションを報告してしまうのです。これはこれで作業進捗の報告でいいのですが、大事なのは「やったことから何がわかったか？」「その結果、アクションはどう変わりそうか」という二つを報告することです。

たとえば前記の例でいえば「アンケートを実施した」というアクションの報告に加

えて、「そのアンケートからどんな示唆や洞察が得られたか？」という点と「その示唆や洞察を踏まえれば、どんな商品が良さそうか」といった最終意思決定に関する仮説を提示することが必要なのです。

このように、アクションだけではなく、アクションから得られた示唆や洞察を踏まえた上での「現時点での仮の答え＝仮説」を提示することで、時間をとってもらったキーマンとの深い議論が可能になるのです。キーマンに時間をとってもらっても「アンケートを実施した」という報告だけでは「あ、そう」で終わりになってしまいます。

一方で、アンケートから得られた示唆や洞察について共有した上で、その示唆や洞察を踏まえた上での仮の結論を提示すれば、「そのアンケート結果からはこういうことも言えるのではないか」「その示唆や洞察を踏まえれば、むしろ最終判断はこうではないか」といった意見を引き出すことができます。**組織における意思決定のクオリティは、その意思決定に関わる人たちからどれだけ反対意見や違うものの見方を引き出せるかによって大きく左右されることになります。**

サラリーマン根性の染み付いてしまった人は、対立を避けるためにわざと示唆や洞察を明確には提示せず、仮の結論も言わないままに、周囲の人の意見や本音をなんとなく探りながら結論らしきものに落とし込むということをやりたがる傾向が顕著ですが、こういった意思決定プロセスによってまさに太平洋戦争は始まったということを私たちは忘れてはいけません。

極東国際軍事裁判の検事たちは、日本の軍部の指導者の誰もが「実は自分は戦争には反対だった」と言うだけで、「自分が戦争を始めようと言い出した」と言う人が誰もいないのを見て大変驚いたそうです。戦争を始めようと明言した人が誰もいないなか、最高の権力を有している人のほとんどが「自分は戦争には反対だった」と言うのです。

こう言われれば「では、なぜあなたは、自分としてはこの開戦には反対であると明言しなかったのか？」と問いたくなるはずです。尋問を担当した極東国際軍事裁判の検事たちも同様に質問したことが記録に残っています。そしてその回答の多くは「あのときは、そう言えない空気があった」ということなのです。

日本人を取り巻く、意思決定のクオリティを破壊する「空気」については、山本七平氏がその名もずばり『「空気」の研究』（文春文庫）という本を書かれています。あるいは組織論の名著である戸部良一氏他の『失敗の本質』（中公文庫）も、言ってみれば「空気」に関する事例集と読むこともできます。

ことほど左様に、**日本人は意思決定に際して空気に支配されてしまう傾向が強い。**これを避けるためにも、議論の場では、常に明確に「やったこと」ではなく「示唆・洞察」や「その時点での結論」を提示することが求められます。

「何か、おかしい」という感覚は早めに共有する

プロジェクトの途上において、何かしっくりこない、メンバーといるとギクシャクしてしまう、というときには何か大きな火種が生まれている可能性があります。こういうときは、その微妙な違和感をプロジェクトメンバーと共有し、その正体がなんなのかを見極めることが必要です。

　メンバー間に何かギクシャクしたものが感じられる、あるいはクライアントの様子がおかしい、それまで快活だったメンバーに元気がない、というときには、オープンに「何かがおかしいと思うんだけど、○○さんは思い当たる節がない？」と聞いてみましょう。別になんでもないということなのかもしれませんし、たとえそうであってもリーダーから相談を持ちかけられることはメンバーにとっては必ずモチベーション

の向上になりますから。

　これはプロジェクトマネジメントに限らず、家庭生活や友人関係や健康についても同じだと筆者は思っているのですが、**直観的に「何かがおかしい」と感じられるときには、その後で必ずといっていいほど何か大きなトラブルが起きます。**

　こういったとき、つまり「何かがおかしい」と感じられるときは、家庭であれば家族のメンバーと、友人関係であればその友人と、自分の体であれば医者と、話し合うことが必要です。

　そうすることで実際に解決することと解決しないことがあるわけですが、そういった違和感や不安を抱えていることを周囲と共有し、話し合うということそのものが大きなトラブルを未然に防ぐためには重要です。

　よく言われることですが、**関係性は一瞬で崩壊します。**これはクライアント関係でもプロジェクトチーム内の人間関係でも同様です。それまで「安泰だ」と思っていた関係性が一瞬にして崩壊する。しかし萌芽は必ずあったはずです。関係性に関する「安泰だ」というおごりが、その萌芽に気づく感受性を滅殺してしまったのです。

　クライアントにしてもプロジェクトメンバーにしても、関係性というのはとても微妙なバランスのうえに成立している脆弱なものだと考えた上で、そのバランスを崩すような要素がないか、常にアンテナの感度を高くしておく必要があります。

では具体的にどうすればいいのでしょうか？　いろいろなアンテナの立て方があると思いますが、筆者が心がけているのは**「表情をよく見る」**ということです。クライアント、プロジェクトメンバー、協力会社スタッフ等々、とにかく表情をよく観察することです。

たとえばミーティングのとき、資料にずっと目を落としているプロジェクトマネジャーがいますが、本当に見なければいけないのは、関係者の表情なのです。資料は事前に見ているのですから、その場であらためて資料をつぶさに眺めて得られる追加的な情報はほとんどありません。そういう状況で得なければいけない情報は、どのページに、誰が、どのような反応をしているかということなのです。

このようにして、日々、関係者の態度や表情に注意していれば、何かの変化が先方のこころの中で起こったとき、表情や目線に表れたその変化にすぐ気づくことができます。

たとえば、目を合わせずにすぐに逸らす、伏し目がちになる、上目遣いになる、斜めににらむようになる等々。そういった変化がすぐにもとに戻ればいいのですが、しばらく続くようであれば、自分に思い当たる節がないか考えてみましょう。それで何か思い当たるところがあればその話を持ちかければ良いですし、それで何も思い当たらないようであれば、素直に「何か気になっていること、ありませんか？」と問いかけてみましょう。

それがきっかけとなって、いろいろな不安や不満が共有できれば、その不安や不満のもとがたとえすぐには解消できないにしても、突発的に大きなトラブルにつながる確率はずっと下げられるはずです。

「違和感」を察するセンスを磨く

ずっと昔の私たちの祖先は、目の前の茂みの中に天敵が隠れているというとき、それを見抜けなければ食べられてしまうという世界を生き抜いてきました。ほんのちょっとした違い、自分でも意識できないような微妙な違いなのだけれども、昨日までの風景と微妙に違う。そういう言葉では言い表せない微妙な違和感に気づき、「なんとなく嫌な予感がする」ことから、茂みに近づくのを止めて命拾いするか、感覚がもたらす微妙な違和感を無視して天敵に食べられてしまうか。

いま、私たちを脅かす見えない危険は茂みの中ではなく、会議室やフロアに漂う微

妙な空気の中に潜んでいます。これを見抜けるかどうかで、その人の仕事人生は大きく変わってくることになります。

マルコム・グラッドウェルは、その著書『第1感「最初の2秒」の「なんとなく」が正しい』（光文社）において、様々な事例をあげながら人間の持つ不思議な直感的認識力について説明しています。

パッと見の二秒でその美術作品が贋作か真作かを見抜く鑑定家や、十五分の対話映像から、その夫婦の十五年後の状態をほぼ正確に予測するカウンセラー。あるいはトスが上がった瞬間にそのサービスがダブルフォルトになることを予測できるテニスコーチや在庫の雰囲気から夜逃げを感じ取る債権回収のプロなど、人間の認知能力はときに私たちには奇異に見えるほどに精密な識別機能を発揮します。

プロジェクトマネジャーが拠って立つのはあくまで合理性ですが、だからといって自分の体に沸き起こる感覚、特に「なんとなく嫌な感じ」は何かがプロジェクトの水面下で起こっていることを示す重要なサインになるということを忘れないでください。

「変えていいもの」と「変えてはいけないもの」を見極める

プロジェクトが進行していくにしたがって、当初想定していた様々な状況や条件が変化していくことになります。たとえば予想していたよりもアンケートの結果が良かった、あるいはキーマンから予想もつかないような面白いアイデアをもらった、あるいは予算や時間等の制約条件が大きく変わった、というような場合です。

こういったときに、当然ながらプロジェクトリーダーとしては、そういった変化に合わせて「変えるべきもの」については変えることが求められるわけですが、このときに気をつけなければいけないのが「**最初に立てたお題にはこだわる**」という点です。

つまり、プロジェクトリーダーは「最初に立てたお題」にこだわりながら、一方でゴールに至るための道筋や方法論、アプローチについてはどんどん変更していく柔軟性が求められます。硬軟取り混ぜた融通無碍《ゆうづうむげ》な対応が必要なわけです。

たとえば、プロジェクトの途中で、そもそも最初に解決しようとしていた問題から、チームの活動がどんどん離れていってしまうことがあります。プロジェクト経験の浅い人からすると「ええ？　そんなことが起こりうるの？」と思うかもしれませんが、これが実はよくあることなのです。筆者の経験の中から一つわかりやすい事例を紹介しましょう。

あるメディア系企業から、それまで野《の》放図《ほうず》になっていたグループ企業の報酬体系を調査した上で、グループ全体の最適となる報酬システムを設計したい、というご相談をいただきました。

実際にプロジェクトがスタートし、プロジェクトメンバーが多くの関係者にインタビューを実施してみると、そもそもグループ企業間で役割の重複や抜け漏れがかなりあることが見えてきました。

具体的には、インターネットを使った調査サービス事業をグループ企業の二社が同時に立ち上げて、同時にコケているといった状況です。確かに「グループ企業の報酬体系と水準」と比較して、経営者にとってはこちらの方が重要でしょうし、報告する側にとっても刺激的でしょう。

そのせいもあって、少し目を離している隙に、プロジェクトメンバーは「報酬体系と水準」に関するレポートは適当なレベルで済ませて、大半の労力を「グループ企業間での役割の重複と抜け漏れ」に関するレポートに充て始めていたのです。

ここで筆者からプロジェクトメンバーに次のように伝えました。

「インタビューの結果としてグループ企業間で役割の重複や抜け漏れがあることを発見したのは素晴らしいし、それをぜひ経営者に伝えたいという皆さんのプロフェッショナリズムには敬服します。しかし、今回のプロジェクトはまず『グループ企業の報酬体系と水準がどうなっているのか、調べてくれ』というご相談から始まっているのですから、まずはその問題について１００％の回答をしましょう。その上で、さらにインタビューから浮かび上がってきた問題として、グループ企業間での役割の重複と抜け漏れについて、ご報告するということにしてください」

プロジェクトが進行していくに従って、プロジェクトが当初掲げた目的や問題からズレていってしまう、というのは歴史的にもよくあることなのです。

典型的には第四次十字軍がそうです。十字軍は、もともとはイスラム教徒に占領されていたイエルサレムを、キリスト教徒の手に奪還するという目的で組織されたものですが、第四次十字軍はなぜかイエルサレムには行かず、同じキリスト教国であった東ローマ帝国のコンスタンティノープルを陥落させ、殺戮、略奪の限りを尽くしました。まったく意味がわかりません。が、こういうことはよく起こりうるのです。

プロジェクトが進行していく最中に、プロジェクトチームは様々な情報に触れ、あるいは問題に直面することになります。その際、意思決定の拠り所になるのは、常に「そもそもこのプロジェクトでは、何を解決しようとしているんだっけ？」という問いかけです。

目の前にある作業に没入しているプロジェクトメンバーは、どうしても近視眼的になりがちで、プロジェクトの途中で接触する情報や向き合う問題に右往左往しがちです。プロジェクトリーダーは常に、足元の障害物をかわしながらも、遠くのゴールを見据えてそれをブレさせないようにしなければなりません。

「変える」ことを恐れない

皮肉なことに、人は行き詰まりを感じれば感じるほど、残念な結果しか出ていないにもかかわらず、現状や今のやり方から離れがたくなる。

ジェイ・エイブラハム（マーケティング・コンサルタント）

前項では「最初に立てたお題にはこだわり続ける」ということを指摘しました。一方で、当初考えていた仮説やアプローチがうまくいかないということがわかったとき、リーダーは迅速にそれを認めて仮説をつくりなおす、あるいは別のアプローチを考えることも必要になります。

一般に、「リーダーは方針をコロコロ変えるべきではない」とか「リーダーの推定や推論は間違っていてはならない」といった信条をもっている人がいますが、これはまったくの誤解です。

過去の歴史を見れば、組織を破滅的な状況に陥れたリーダーの多くは、自らの誤りを認められず、引き返すべきタイミングを見極められなかったことでそういう状況を招いているのです。

旧日本軍のリーダーを思い出してください。作戦が明らかに失敗であったことを示唆するあらゆる情報が目の前に突きつけられているにもかかわらず、彼らはそれを認めようとせず、いたずらに人命を損耗させてしまいました。

儒教の基本経典である五経のうちの一つ、『易経』には「君子豹変、小人革面＝君子は時に応じて、豹の毛が生え変わるように鮮やかに変化するが、小人は顔つきだけを表面的に変える」という言葉があります。

必要なときには、**自らの考え方が誤っていたことを認め、変化を受け入れるのがひとかどの人物**であり、一方で、表面的には従いながらも、それまでの考え方から脱却できないのが小人だと指摘しているわけです。

プロジェクトチームのリーダーは、別にスーパーマンではありません。

多くのプロジェクトチームでは、リーダーは経験年数が若干長いかもしれませんが、せいぜいその程度の違いでしかありません。

したがって、リーダーが初期段階で立てた仮説やアプローチ、方針が、プロジェクトの進行途中で間違っていたことがわかる、というのはよくあることなのです。

仮説を変える「タイミング」

重要なのは、タイミングです。メンバーは、リーダーの仮説や方針、アプローチが誤っていたという事実そのものよりも、**その状況に対して、どのように対応したかという事実によって、リーダーの「格」を見ている**のです。

　このときに一番ダメなのが、いつまでたっても自分の過ちを認めようとせず、場合によってはそれを他者の責任にしようとする人です。こんなことをすれば、メンバーの心は一瞬で冷めてしまいます。冷めてしまうというのはつまり「この人のために仕事をしたくない」と思うようになってしまう、ということです。

　一方で、その逆であればどうでしょうか。自分の仮説が間違いであったことを認め、そのためにメンバーに無駄な仕事をさせてしまったことを謝罪したうえで、再度仮説を構築し、アプローチを再考したいので、メンバーの意見をぜひ聞かせてほしいと真摯に依頼されたら、どうでしょうか？　よほどひねくれた人であればどうかわかりませんが、多くの人は意気に感じてより発奮するのではないでしょうか。

　リーダーを任せられると、多くの人は「メンバーの前でみっともないところは見せられない」と思います。そう思ってしまうこと自体は感情の問題ですから仕方がありません。

　問題なのは「本当にみっともないことは、どういう言動なのか」ということです。自分の立てた仮説やアプローチが間違っていた、場合によってはメンバーが考えていた仮説やアプローチが正しかった、というようなケースもあるでしょう。

　しかし、それは別にみっともないことでも何でもないのです。そういうことが起こるのはむしろチームとしては素晴らしいことで、まさにチームであることの強みが発揮されている状況だと考えることもできます。

本当にみっともないのは、それが間違いであったことが、メンバーの誰にとっても明らかになっているのに、リーダーだけがそれを認めようとしないという状況でしょう。

最初に立てた「お題」についてはこだわることが求められるわけですが、一方で当初の仮説やアプローチについてかたくなになってはいけません。リーダーというのは軽やかに「豹変」していいのだ、とおぼえておきましょう。

プロジェクト初期の仮説に固執しない

プロジェクトの初期段階で立てた見通しや仮説に拘泥すると、プロジェクトの価値を台無しにしかねないので注意が必要です。僕の経験を一つお話ししましょう。

ある消費財メーカーで、グループ内に保有する物流企業を売却の方向で検討しており、その是非について一応アドバイスをして欲しいというご相談をいただいたことがあります。

クライアント企業の常務が、売却すべきだというポジションをとっており、世の中の流れ的にも大きな物流企業に委託して固定費を小さくする企業が多かったことから、プロジェクトチームの初期の仮説も「売却」の方向性でした。

しかし、プロジェクトが始まって、コスト構造を詳細に分析してみると、実はこの物流企業の効率は大変高く、よほどのコトが無い限り外部に委託することでコストは大幅に増える、ということがわかったのです。

こういうときには素直に、「最初は売却が良いと思ったのですが、調べてみたらそうでもないことがわかりました」と手のひらを返してしまった方がいいでしょう。無理矢理に事実や論理をいじって、最初の仮説や偉い人の主張におもねるようにすると、様々なところに論理矛盾が発生してプロジェクト全体が瓦解します。

これは『外資系コンサルの知的生産術』（光文社新書）にも書いたことですが、仮説の当たり外れの確度はビジネスセンスをそのまま反映します。

ビジネスセンスのない人の仮説はいつも外れるし、ビジネスセンスのある人の仮説は当たる。したがって、当初に立てた仮説が違ったということは、自分のビジネスセンスはイマイチです、と宣言するようなもので、これはとても恥ずかしい。この

「恥」の感覚が、当初の仮説を反証するような事実や意見を強引にねじ曲げたり無視したりさせる「こころの圧力」になるのです。

しかし、**真に強いプロジェクトマネジャーは、そのような「こころの圧力」にも屈せず、常に事実を直視します。**経営の神様と呼ばれる松下幸之助氏は、晩年、色紙を求められると「とらわれない、素直なこころ」と書くことがあったそうです。

このシンプルで飾りのない言葉には、マネジャーが肝に銘じなくてはならない「こころの持ち様」が込められていると思います。

プロジェクトマネジャーには、正しい意思決定を歪めるさまざまな圧力がかかります。偉い人の立場や前任者の評価を守るために、本来であれば否定しなければならないことを肯定するような圧力、あるいは自分のビジネスセンスや能力を見せびらかそうという見栄。そういったものにからめとられてしまうとチームのモチベーションとパフォーマンスは崩壊してしまいます。

プロジェクトの初期仮説をはじめ、マネジャー自身が発した様々な過去の発言や見通しにこだわらず、新しく出てきた情報や意見に対して、常に素直に向き合うようありたいものです。

プロジェクトの関係者で時計回りのプレッシャーをつくる

　プロジェクトには様々な関係者が関与することになります。このとき、それぞれの関係者のあいだに互助関係をつくれるかどうかが、プロジェクトをスムーズに進められるかの大きな分かれ目になります。

　１５３頁の左の図を見てください。これは典型的な**「互助関係がつくれずに破綻したプロジェクト」の関係図**です。筆者が知る限り日本企業でもたびたび発生している状況ですから、読者の皆さんにも心当たりがあるかもしれません。

　プロジェクトの発注者は社長です。社長はプロジェクトチームに特命を与えます。プロジェクトチームは、様々な関係部署と共同してプロジェクトを推進することになります。ここで問題になるのが、プレッシャーが反時計回りにかかっているという点です。社長はプロジェクトチームにプレッシャーをかけ、プレッシャーをかけられたプロジェクトチームは、協力依頼というかたちで関係部署にプレッシャーをかけます。ところが容易に想像できる通り、関係部署は日常のビジネスで忙殺されているわけですから、プロジェクトチームからの依頼にはできれば対応したくない。そのうえ社長から特命を受けているというだけで、抜擢に近いニュアンスもありますから嫉妬の心持ちも混ざります。わざわざ積極的に協力して彼らの功績をつくってあげるよりもできる限り足を引っ張ってプロジェクトを破綻させてやろうというような偏狭な人も少なくありません。

　むしろ彼らは、社長に対して「プロジェクトチームの仕事の進め方がおかしい」とか「忙しくて協力は最小限しかできない」といったクレームを上げることになります。それを受けた社長は、さらにプロジェクトチームに「もっとちゃんとやれ」というプレッシャーをかけることになり、かくして反時計回りのプレッシャーのループは無限に増幅されていくことになります。

　つくらなくてはいけないのは逆回りの座組みです。社長は、プロジェクトチームだけではなく、関係部署についても目標をコミットさせ、完遂責任があることを明確に告げる。プレッシャーをかけられた関係部署が、プロジェクトチームに支援を求め、プロジェクトチームは支援を約束すると同時に、様々な協力事項を依頼し、肩を組んで同じ方向を見て進み始める。その水面下で、いまひとつ動きの悪い関係部署については、裏側で社長に対して報告し、場合によっては報告会で叱責してもらう。このよ

関係者の互助関係を意識する

プロジェクトが破綻する座組み

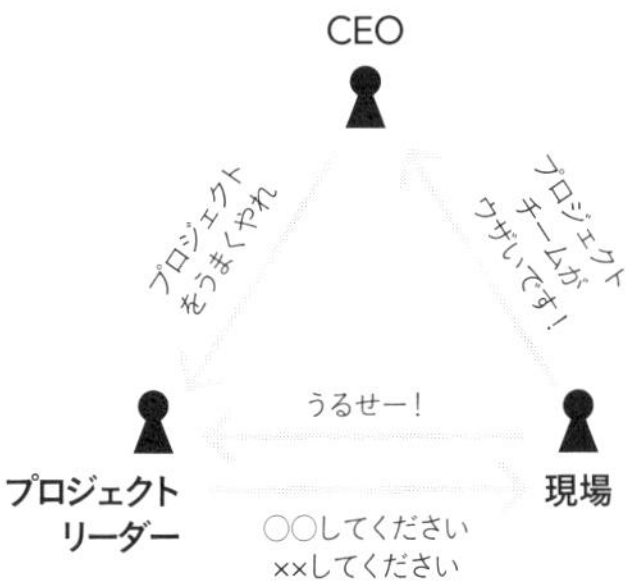

↓

- 逆時計回りでプレッシャーの連鎖をつくると現場は動かず、プロジェクトチームが浮いてしまう

プロジェクトが回る座組み

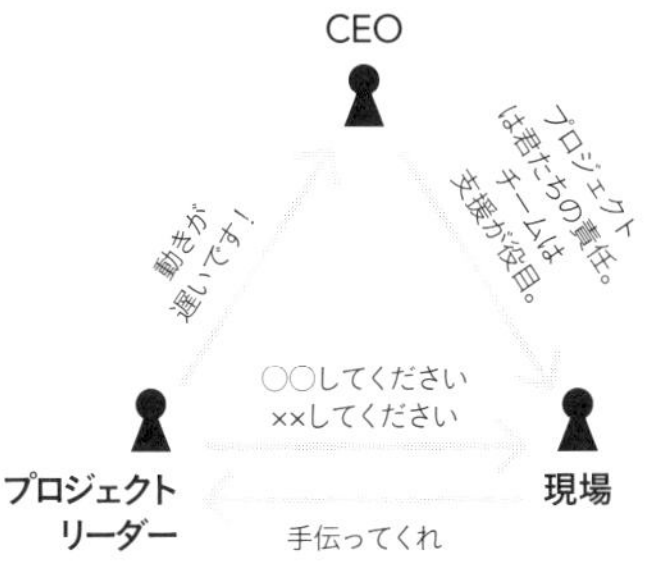

↓

- 時計回りでプレッシャーの連鎖をつくると現場が動き、プロジェクトチームも動きやすくなる

うにして右回りのプレッシャーのループが形成できると、プロジェクトの進捗は飛躍的に進むことになります。

サン・テグジュペリは「愛し合うというのは、見つめ合うことではなく、同じ方向を見ることだ」という言葉を残していますが、これはプロジェクトの関係者についても言えることです。

うまくいっていないプロジェクトを観察すると、関係者間で同じ目標、同じ課題に向き合うのではなく、相互に対峙している構図に気づきます。経営陣は「進捗が遅い」とプロジェクトチームをなじり、プロジェクトチームは「経営陣はわかってない」と嘆く。あるいは関係者が「プロジェクトチームは何様なんだ」と横暴さに腹を立て、プロジェクトチームは「関係者が日常の仕事のことしか考えず、中長期的な視点を持っていない」とバカにする。

どれもよくある光景ですが、このような「向き合う」構図からは実り豊かなプロジェクト成果が生まれることはありません。プロジェクトの座組みをする際には、皆が同じ方向を向いて、健全にプレッシャーのループが回るように心がけてください。

トレードオフは瞬時に提案し、確定させる

　プロジェクトマネジャーの仕事は様々で、まさに本書も、その様々な仕事について「すべし」と「すべからず」を書き記しているわけですが、では全部をひっくるめて、マネジャーの仕事とはなんなのかを考えてみると、大きなカタマリとして「**それは資源配分である**」ということが言えます。

　なぜかというと、プロジェクトにおける意思決定というのは常にトレードオフがつきまとうからです。

　プロジェクトでトレードオフとなる要素は「**時間**」「**コスト**」「**品質**」の三つです。「時間」を短くすれば、「コストを上げる」か「品質を下げる」かのどちらか、または両方が必要であり、「品質」を高めようとすれば、「時間を長くする」か「コストを上げる」かのどちらか、または両方が必要になります。

　ここで問題になるのが、プロジェクトの途中で、トレードオフの調整が必要になるケースです。具体的には、たとえば「当初想定したよりも問題の範囲が広いので、プ

ロジェクトのスコープを広げて欲しい」といったような場合です。

プロジェクトのスコープを広げれば、当然作業量は増えますから、人員を増加するか、あるいは期間を長くしなければなりません。

このとき、ポイントになるのが「トレードオフを即座に提案する」ということです。たとえば、スコープを拡大したいという要望を受けたのであれば、「わかりました。その代わりにプロジェクトの終了時期を二ヶ月、後ろ倒しにさせてください」とか「わかりました。その代わりにメンバーをあと二名、具体的には○○さんと××さんをください」といった逆提案をするということです。

なぜ、トレードオフの提案は「その場」でしなければいけないのか？　これは人間の心理の機微を活用したアプローチです。

考えてみていただきたいのですが、「プロジェクトのスコープを拡大したい」と言われて、「わかりました」と一度受けておいてしばらくしてから、「実は相談があって、プロジェクトの終了時期を二ヶ月後ろ倒しにして欲しいのです」などと言われても、言われた側は釈然としないはずです。

なぜかというと、「スコープを拡大したい」と言って、それを受けてもらった時点で、両者の関係における「貸し借り」はリセットされてしまうからです。後になって

「期間を延ばして欲しい」と要望をする段階では、すでに貸し借りがリセットされてニュートラルになってしまっているわけですから、「期間を延ばしたい」という要望は、単にプロジェクトマネジャー側からの「貸し」のお願いにしかならないというわけです。

　プロジェクトの関係者は、プロジェクトに負荷を与える要望について、多かれ少なかれなんらかの引け目を持っています。この引け目は、先述した通り、要望を受け入れた瞬間に消え去ってしまいますから、この引け目をテコにして駆け引きするというのがプロジェクトマネジャーの交渉術の見せ所ということになります。

メンバーへのフィードバックは「その場で」が基本

　よくプロジェクトが終わってから、「あの時、君はこうだった」というようなフィードバックをするプロジェクトマネジャーがいますが、これは嫌われるマネジャーの典型です。

　近年、理論の発展が顕著な学習理論の世界でも、**「自分のやった行動」**と**「結果の**

フィードバック」は、時間軸が短ければ短いほどいいというのが定説になっています。

たとえば、フロー理論の提唱者であるミハイ・チクセントミハイは、「時間が経つのを忘れるくらいに没頭している」状態、つまりゾーンに入るには、自分のやったアクションに対して即座のフィードバックがあることが重要であると述べています。

また、世界トップクラスの水準でパフォーマンスを挙げる人に共通していると言われる「一万時間の法則」でも、ただ単に漫然と一万時間のトレーニングを積み重ねればいいということではなく、「課題設定」→「アクション」→「フィードバック」の三つがセットになっていることが条件であるとしています。たとえば、週に五時間ほど自動車を運転する人であれば、年間での累積運転時間は二五〇時間ほどになり、四十年で一万時間に達します。しかし、そういう生活を送った人がＦ１ドライバーになれるとは到底思えません。なぜかというと、「課題設定」と「フィードバック」が抜けているからです。

要するに、**常に自分の能力より少し上の課題を設定して、それに挑戦し、結果をチェックして次の課題を設定する、という流れを一万時間繰り返すことで初めて、「プロとして食える」水準の能力が鍛えられる**ということです。多くの学習理論や修練に関する研究は、「フィードバック」の重要性を共通して指摘しています。

さらに、それら多くの理論が共通して指摘しているのが「フィードバックは外部からされるべきだ」という点です。

つまり、自分一人でフィードバックをするのは大変難しいということです。これが、超一流の経営者やアスリートにコーチがついている理由です。タイガー・ウッズのコーチは、ゴルファーとしてのパフォーマンスではタイガー・ウッズには遠く及びません。それを知っている人はタイガー・ウッズにコーチがついているという事実を知って違和感をおぼえるかもしれません。

しかし、こういったコーチは、ゴルフを指導しているわけではないのです。彼らの役割はまさに、フィードバックを与えることです。自分ではなかなか気付かない、フォームの乱れや生活習慣やメンタル面での変化に気付きを促すというのが彼らの役割なわけです。

同様のことが成長途上のビジネスパーソンについても言えるでしょう。これだけ多くの学習理論やトレーニングに関する方法論が進化しているにもかかわらず、多くの人材開発のアプローチがフィードバックをないがしろにしているのは驚きを通り越して不思議な感じすらします。

　第1章では、プロジェクトの開始時期にメンバーの力量を正確にスキャンすること、という指摘をしましたが、把握された能力にちょうど良い仕事を与えた上で、出てきたアウトプットに対して「即座にフィードバックする」というのが、メンバーの育成という点では重要です。

「意味合い」を常に語る

　プロジェクトメンバーの力量を100%以上に引き出すためには二つの条件が必要になります。その二つとは「**動機付け**」と「**権限委譲**」です。

　ここでは最初の「動機付け」について説明しましょう。人がある仕事に動機付けられるためには、「この仕事には意味がある」と思ってもらわなければなりません。

　人間は「こんな仕事に何の意味があるんだろうか」と思いながら、全力を出すことはできないのです。哲学者のニーチェは「ニヒリズム」について誰よりも深く考えた人ですが、彼がニヒリズムの本質を「何のために？」という問いに対して、答えを持てなくなった状態だ、と定義したことは第1章ですでに述べました。
「何のために」という問いに対する答え、というのはまさしく「意義」ということです。**人間は「意義」を食べて、モチベーションを生み出す**のです。

　したがって、プロジェクトマネジャーは、常にメンバーに対して、「いまやっている、その仕事の意義」というものを明確に位置づけて伝えることが必要になります。

　プロジェクトの初期段階において「プロジェクトそのものの意味合いを語ることが大事だ」という指摘をしましたが、プロジェクトの途上においても、一つひとつの仕事や作業が、そのプロジェクト全体の目的に対して、どのような意味合いを持っているのか、その作業がうまく行かないと何が問題になるのかを考えさせる、あるいは伝えるということが重要です。

　これをしないと、やがて作業は「作業のために作業している」という状態に陥り、メンバーの動機付けは失われ、プロジェクトチームの士気は停滞することになります。プロジェクトマネジャーであれば「常に、仕事の意味合いを語る」ことを忘れてはなりません。

「行動」ではなく「目的」を伝える

ここでは、プロジェクトメンバーから100％以上の力量を引き出すための二つの条件＝「動機付け」と「権限委譲」のうち、「権限委譲」について説明したいと思います。

メンバーから嫌がられるプロジェクトマネジャーの典型に「マイクロマネージする人」が挙げられるということは、すでに説明しました。これをやられると、プロジェクトメンバーの仕事に対するコミットメントは破壊されてしまいます。

ではどうするか？　大事なのは**「行動」ではなく「目的」を伝えてやること**です。「何をするか」ではなく「何を達成したいか」を伝える。そのうえで、やり方については任せるわけです。「目的」の重要性は本書でも繰り返し述べていますが、メンバーの力量を引き出すためにも「目的」は必要なのです。

もちろん、この指示は、ある程度の力量がすでに確認されているメンバーでなければ難しいということになります。プロジェクトの初期段階において、メンバーの力量を正確にスキャンしておくことが必要だという指摘をしましたが、力量を把握することで正確な仕事の頼み方が可能になります。

力量が十分にあると思われる人には「目的だけ」を伝えて、あとは任せるのがいいでしょう。

若干、力量不足かと思われる人については、「目的と、自分ならこうやる」という具体的な行動のヒントを与える。そして力量が足りていない、まだ未熟だという人については**「目的と行動」を一緒に伝える**ということです。

では「行動」だけを伝えることはないのか？　基本的に「ない」というのが筆者の答えです。「行動」だけを指示として与えるのは、二つの点で危険だと思うからです。

一つは先述した通り、メンバーのモチベーションを低下させることになるからです。「やらされ感」という言葉は「任され感」の真逆の状態ですが、「やらされ感」だけが鬱積していくとチームの士気はどんどん低下していくことになります。

二つ目の理由が、突発的な問題に対して、臨機応変な対応ができないということです。目的を伝えず、行動だけを指示するというのは、目的地を伝えず、右左の指示だけでゴールまで人を導こうということですが、もしなんらかの想定外の事態が起こったとき、目的地を伝えていないと迂回することができません。

目的地を伝えておけば、当初の想定通りに物事が運ばないということがわかった段階で、任された側は「では、どうしようか？　最終的にはあそこに行ければいいのだから」と考えて、いろいろと創意工夫をするでしょう。

そして、その結果がうまくいったとか、まずかったとか反省することで、力量というものも伸びていくわけです。

メンバーの力量と状況を踏まえたうえで、できるだけ任せる。具体的な行動ではなく、具体的な目的・目標を伝えて人を動かすことを意識してみてください。

「魔の十一分」を意識する

航空用語に「**魔の十一分**」という言葉があります。これは「航空事故の多くは、離陸後の三分と着陸前の八分の合計十一分のあいだに集中している」という過去の経験則から導き出された一種の警句です。

なぜ、航空事故の多くが離着陸のときに発生するのかという問題は、とても面白いテーマで筆者もいろいろとこれまでに考えてきたのですが、ここでは詳細には踏み込まず、結論だけ共有しておきたいと思います。

その結論とは、**航空機と同じように、プロジェクトマネジメントにおいても離陸＝スタート時と着陸＝クロージング時が最も難しい**、したがって、ここでは他人任せにせず、自分が操縦桿を握るべきだ、というものです。

これはよく言われる「メリハリ」の問題にもつながります。よく「仕事にメリハリをつけなさい」といったことがアドバイスされますね。要領の悪い人ほど、必要も無いのに操縦桿を握ろうとしたり、操縦桿を握っているメンバーの肩越しに、あれこれと細かい指示を出したりしてやる気を萎えさせるくせに、離着陸のもっとも大事な時期に、他のプロジェクトにかかわってコントロールが甘くなったりします。

先述した通り、プロジェクトの目標や成果物のイメージが明確に共有されている状況で、かつメンバーにある程度の力量があるようであればマイクロマネージは基本的に弊害ばかりを生み出します。

したがって、コントロールは最小限にするべきですが、クロージングのときにはまったく逆で、すべてのコントロールをメンバーから取り上げるべきです。

フィードバックをもらう、フィードバックをする

先にフィードバックの重要性について述べましたが、プロジェクトが終了した際にも、「関係者からフィードバックをもらう」「フィードバックをする」ということを忘れないようにしてください。

ミシガン大学で組織論の教鞭をとるスーザン・アシュフォードは、そのままズバリ「フィードバックは経営資源である＝Feedback is resource」と述べています。

とはいえ、フィードバックを相互にする文化のない日本において、直截に「フィードバックをください」と言っても、なかなか率直なフィードバックは得られない可能性があります。

あるいは逆に、過度に攻撃的で人格否定になりかねないようなものになってしまう可能性もあります。**日本で行われているフィードバックのほとんどは「当たり障りのないおためごかし」か「対処のしようがない性格や人格に関する攻撃」のどちらかです。**言うまでもなく、どちらも学習という点では無意味です。

フィードバックの基本は「どうすればもっと良かったか」という点についての意見をもらう、ということです。問いは「どうすれば」、つまり**「行動＝ドゥーイング」**についての指摘であって、決して「どうであれば＝ビーイング」についての指摘ではありません。

具体的に示した方がわかりやすいですね。たとえば左記のようなフィードバックの対比だとわかりやすいでしょうか。

×：もっとスピード感を持たないとさ〜、この先やってけないよ？
○：期限ギリギリに持ってくるのを止めよう。出来上がってなくてもいいから、期限の三日前に、必ず一度成果イメージを見せて。

×：要領が悪いんだよ。だからいつも時間がないって騒いでるんだろ？
○：毎週月曜日に、抱えている仕事をリストアップして、重要性と必要な時間を整理してごらん。時間がかかって重要だという仕事を先に仕込むと後が楽だよ。

×：もっと空気読まないとさ～……もう反対だって空気だっただろ？
○：先方の表情をよく見なさい。説明を聞きながら頷いていれば提案に賛成。逆に首をかしげたり上を見たりしてたら提案に反対と考えてまず間違いないよ。

比べてみればわかると思いますが、×のケースでは常に「どうあるか＝ビーイング」についての否定がされているだけで、「次はこうするといいよ」という具体的な行動の提案が入っていません。

こんなフィードバックをされてもメンバーは途方にくれるだけでポジティブな効果はまったくありません。むしろ無力感を感じ、仕事へのモチベーションも失ってしまうでしょう。

優れたプロジェクトリーダーはメンバーの潜在的な能力を１００％以上に引き出す、という前述の言葉を思い出せば、こういったフィードバックであればむしろやらない方がマシです。

そして、多くの日本企業においてフィードバックが「する側」からも「される側」からも忌避されるのは、こう言った「ビーイングに関するフィードバック」が横行しているからです。

　では、なぜ「ビーイングに関するフィードバック」が横行するのか？　端的に言えばフィードバックスキルがないからです。具体的な行動についてのフィードバックをする、ということはフィードバックをするリーダー自身に力量があって、かつそれを形式知として言語化できるということが求められます。

　具体的な行動についてのフィードバックができない、ということはつまり、「そもそも力量がない」か「力量があっても、それを人に伝えられるような形式知として言語化できない」かのどちらか、または両方ということになります。どちらにしても結局は「リーダーシップスキル」の問題だということです。

第4章

計画を成功に導くリーダーシップ

「慕われるリーダー」と「恐れられるリーダー」

なんらかのプロジェクトを引っ張るリーダーの立場になったとき、常につきまとうのが「慕われるリーダー」になるべきか、「恐れられるリーダー」になるべきかという論点です。

このトレードオフは様々な言い回しで言及されます。リーダーシップには「情」と「理」が必要、という主張も同様のトレードオフを前提にした主張でしょうし、日本のリーダーシップ論の開祖と言ってもいい三隅二不二先生は「組織メンテナンス重視」のリーダーと、「パフォーマンス重視」のリーダーという枠組みで整理しています。

「慕われるリーダー」と「恐れられるリーダー」のどちらが「良いリーダー」なのか。両者を比較して「恐れられるリーダーになるべき」と主張したのはルネサンス期の政治哲学者ニッコロ・マキャベリでした。マキャベリは、当時のイタリアの政治家や軍人が、キリスト教が唱える道徳と外交・行政・軍事における判断を混同しているから弱いのだと指摘しました。

筆者が勤務しているヘイグループは四十年以上にわたって世界中の組織のパフォーマンスとリーダーの言動の相関についてデータを集積しています。そのデータから、統計的に残酷なほどにはっきりと出ているのは、**「慕われるだけのリーダー」でも「恐れられるだけのリーダー」でもダメで、両者を高次元でバランスさせているリーダーこそ、良いリーダー**だということです。つまりマキャベリは誤っていた、ということです。

これまでの組織研究からわかっているのはこうです。

「慕われるだけのリーダー」だと、どうしても成果・業績を追求していこうという規律、わかりやすく言えば「士気」が低下してしまい、業績は低下することが統計的にはっきりとわかっています。

一方、「恐れられるリーダー」の場合、成果・業績を追求していこうという規律は高まるものの、メンバーは萎縮し、チームとしての一体感が低下して活力は低下し、短期的にはともかく、中長期的には同様に業績は低下していくことがわかっています。

付け加えれば、この「恐れられるリーダー」のスタイルでチームを牽引できるのは、せいぜい課長クラスまでだということもわかっており、このスタイルを多用して組織を引っ張っていくタイプの人は、キャリアの途中で大きな壁にぶつかることが多いようです。

「慕われるリーダー」と「恐れられるリーダー」と聞けば、両者は二律背反するトレードオフの関係であるように思われるかもしれません。しかし、数多くの研究やこれまでのデータは、両者は必ずしも背反しているわけではなく、両立することが可能であり、両者を高次元で両立したリーダーこそが、極めて高い業績を継続的にあげるということを示しています。

「嫌われること」を恐れない

ここでは、同僚からの「妬み」について述べたいと思います。

企業のリーダーシップ開発をお手伝いしていて、若手のエースといわれる人たちにカウンセリングすると、結構な頻度で「最近、いわれのない誹謗中傷を会社内で流されてとても傷ついた」といった悩みを打ち明けられることがあります。そういう時は、自分の経験もお話しした上で、「ああ、それは大抜擢が近い、ということですよ」と回答して元気づけるようにしています。

組織内で渦巻くビジネスパーソンの嫉妬には恐ろしいものがあります。活躍すればするほど、周囲の、それも優秀な人が嫉妬にからめとられて、過去の失敗や噂をほじくり返してネガティブなキャンペーンを張ろうとします。

この時、多くの才能ある若手がまさに「一頭地を抜く」タイミングで、「嫌われたくない」という感情にとらわれてしまい、自分の行動にブレーキをかけてしまうのです。この「嫌われたくない」という心理的なブレーキこそが、日本でなかなかリーダーシップが根付かない最大の原因の一つだと、筆者は考えています。

多くの人が誤解しているのですが、リーダーシップは「嫌われる」ことと表裏一体の関係にあります。たとえば、リーダーシップ開発のワークショップで「過去の歴史から、素晴らしいリーダーシップを発揮したとあなたが思う人を挙げてください」とお願いすると、まず間違いなく左記の人物が含まれることになります。

イエス・キリスト

ジョン・F・ケネディ

エイブラハム・リンカーン
キング牧師
マハトマ・ガンジー
エルネスト・チェ・ゲバラ
坂本龍馬
織田信長

こうして並べてみると、なるほど確かに「変革を主導した志士」として、いずれ劣らぬリーダーシップを発揮したという点で共通しているのですが、一方で別の共通項があることにも、すぐに気づくはずです。

そう、全員暗殺もしくは処刑されているのです。

つまり**「殺したいほど憎い」と多くの人に思われていた**ということです。過去の歴史において最高レベルのリーダーシップを発揮して世界の変革を主導した人物の多くが、他者から殺害されているという事実は、我々に「リーダーシップというのは、崇敬とか愛着とか共感といったポジティブな感情だけではなく、必然的に軽蔑とか嫌悪とか拒否といったネガティブな感情とも対にならざるを得ないものなのだ」ということを教えてくれます。

優れたリーダーは、必ず嫌われる

筆者は著書『外資系コンサルの知的生産術』において、何か極端なものが存在する場合、それとは真逆のものが背後には潜んでいる、という経験則の存在を指摘しました。

大いなる愛情と大いなる憎しみは、心理学的に言えば共に「転移が発生している」状況として整理されます。「大いなる愛情」の真逆は、本来「大いなる憎しみ」ではなく、転移の解除、つまり「無関心」ということになりますが、優れたリーダーに与えられる大いなる尊敬や愛情というのは、同量のエネルギーを持つ軽蔑や憎しみと表裏一体のものなのです。

ということはつまり、リーダーとして高いパフォーマンスを挙げようと思うのであれば、どこかで周囲から寄せられる「ネガティブな感情」について、受け入れるかどうかはともかく、少なくとも存在を認めた上で無視する一種の「**鈍感力**」が必要なのです。この点にこそ日本におけるリーダーシップ開発のボトルネックがあると筆者は思っています。

「嫌われること」を避けるために、どれくらいの人が、自分の思いやビジョンを封印して可能性を毀《き》損《そん》してしまっているかを考えると残念でなりません。

幕末の変革を幕府側から主導した勝海舟は次のように述べています。


「ナニ、誰を味方になどというから、間違うのだ。みンな、敵がいい。敵がないと、事が出来ぬ。国家というのは、みんながワイワイ反対して、それでいいのだ」

勝海舟『海舟座談』

つまり「**敵がいないリーダー**」**など有り得ない**ということです。変革には必ず既得権や既成概念の破壊を伴うから、過去のシステムによって利益を享受していた人を敵に回すことになる。つまり「嫌われること」を恐れていたら変革を主導するリーダーには絶対になれない、ということです。

あなたがもし、自分が正しいと思うこと、あるいは間違っていると思っていることがあるのであれば、「嫌われるかもしれない」という心のブレーキをかけずに、どうかそれを口に出して言って欲しいと思います。実際に世界は、多くの人がそうすることで、少しずつ進歩してきたのですから。

非難や抵抗は「賞賛の裏返し」と考える

リーダーには「嫌われること、妬まれること」がつきものだということはすでに述べました。リーダーシップを発揮して前向きに行動したり発言し始めると、ときに思わぬ抵抗や厳しい非難を受けることがあります。

こういった抵抗や非難を受けて意気消沈し、それまでの自分の行動や発言を抑えこんでしまう人が多いのは実にもったいないことです。

強い抵抗や非難というのは、常に「賞賛や嫉妬の裏返し」という側面があります。

なぜ彼らはあなたの行動や発言を攻撃するのでしょうか？　簡単なことです。あなたが彼らの「痛いところ」をついているからです。

戦争を例に考えてみましょう。誰も「どうでもいい要塞」への攻撃には反撃してきません。拠点としての重要性が高ければ高いほど、攻撃に対する抵抗も強くなっていきます。

人間も同じです。強い抵抗を受けるということは、あなたが彼らの急所をついているということに他なりません。

意味のない活動だと思えば人は抵抗も反論もしません。「意味がない」と反論してくるのであれば、それはまさに「意味がある」ことの証左です。彼らは反論という行為を通じて、あなたの行動の「スジの良さ」を賞賛しているのです。彼らはそれを暗に示してしまっていることに気が付いていません。この情報格差はぜひとも活用すべきです。

科学と宗教の対立が最も高まったのはルネサンスの後期、十六世紀末の時期です。このとき、死体解剖にもとづいて『人体の構造』を著したヴェサリウスは宗教裁判にかけられ、実験を通じて血液循環の原理を発見したセルヴェトゥスはカルヴァンによって火刑に処されました。

地動説を証明したイタリアのガリレイが宗教裁判で自説を撤回させられたのは有名です。科学の有効性、合理性、納得性がいよいよ高まってきたときにこそ、宗教側の科学否定の態度はいよいよヒステリーといっていいレベルにまで強まったことを思い出してください。

繰り返しますが、**抵抗や非難が多ければ多いほど、それは「痛いところをついてい**

る」ということの証左に他ならないのです。抵抗や非難は気にせず、壁を突き抜けてください。

「場をコントロールする」という意識をもつ

講演会などの最後に「では質問は？」と投げかけると、しばしの沈黙が続くことがありますが、実にもったいないと思います。

集団が形成されると、誰にそう言われたわけでもないのに自然にリーダー格になっていく人がいます。そういう人にはどんな特徴があるのか、これまでに数多くの研究がなされてきました。いわば「リーダー資質」といったものがあるのか、という問題です。

皆から自然とリーダーとされる人には、何か共通の特徴があるのでしょうか？　背の高さ？　知能指数？　学歴？　ルックス？　育ち？　いいえ、これらは、すべて否定されました。

結局わかったのは「**一番先に話し始めた人**」だということです。

集団が形成されて、その中で一番先に話し始めた人が、リーダー格になっていくのです。一番先に話した人のことを周囲の人は、より知的で、エネルギーに溢れ、人格が優れていると考える傾向があります。人の認識の歪みをバイアスといいますが、一番先に話し始めた人に対して人はポジティブなバイアスを持ってしまうのです。

この性質を利用しない手はないでしょう。

あなたは、「何か質問はありますか？」と言われて、なんとなく聞きたいことがあるのにモジモジと他の人が最初の質問をするのを、待っていたりしないでしょうか。それはみすみす他者に対する影響力を手にする機会を逃しているということです。

やらなければならないのは、聞きたいことなどなかったとしても、「何をさておいても一番先に質問する」ということです。別に質問の中身はどうでもいいのです。とにかく、集団のなかに身を置いたら「一番先に話し始めた人」になることを心がけましょう。

「助けてください」と言える勇気をもつ

あなたは頼まなければならない。私の意見では、頼むことがこの世で最も効果的で、最も見落とされがちな成功の秘訣である。

パーシー・ロス（アメリカの資産家）

本当に優れたプロジェクトリーダーは、必要なときに「助けてください」と声をあげることができます。プロジェクトが危機的状況に陥りそうだというとき、優秀なプロジェクトリーダーであればあるほど、周囲に対して「助けてほしい」というサインを出さずに、なんとか自分の裁量内で火消ししようともがき、かえって事態を悪化させてしまうことが少なくありません。プロジェクトを炎上させた、ということをなるべく周囲に悟られずに済まそうとするからです。

このとき、そのプロジェクトリーダーが守ろうとしているのは、プロジェクトでもメンバーでもなく「本人の評判やプライド」になってしまっています。これは、本当に優れたプロジェクトリーダーであれば、やってはいけないことです。

では具体的にどういう点に気をつけたらよいのでしょうか？　基本的には常に最悪のケースを想定して手当てを行うということです。

具体例を出して考えてみましょう。プロジェクトの途中で、重たいモジュールを担当していたメンバーが過労で倒れてしまったとします。病院に担ぎ込まれた本人は「二〜三日で復帰できると思います」と言っているので、まあそれくらいの期間で復帰できるのであれば、増員を手当てせず、関係者にもできるだけ内密にしてやり過ごしてしまおうと思ってしまいがちです。ところが、筆者の経験からいえば、こういう場合に本当にメンバーが二〜三日で戻ってくることは稀なのです。左記のような担当上司とのやりとりが典型例です。

あなた……Aさんなんですが、ちょっと体調を崩してしまって……二〜三日お休みを取って来週から復帰することになります。

担当上司…え、大丈夫？　たいしたことないといいけどね。うーん、もし必要であれば増員を検討するけど、大丈夫なの？

あなた……はい、本人もすぐに戻りますと言っているし、今この瞬間はそれほど稼動が高いわけではないので大丈夫だと思います。

このようなやりとりです。増員を依頼して周囲に迷惑をかけたくないというプロジェクトリーダーの気持ちはよくわかるのですが、少しリスクへの感度が低いように思います。

フォロワーシップを発揮する

なぜ日本ではリーダーがなかなか育たないのでしょうか？

その理由について筆者は、そもそも論として「誰もリーダーの登場を望んでいない」から、さらに言えば「**みんなリーダーを嫌っている**」から、と考えています。

これは、いろいろなところで筆者は書いたり話したりしていますが、リーダーシップというのはスキルやケイパビリティといった自己完結的な能力と異なって、周囲や環境との作用によっていわば文脈依存的に発生するものです。

平たく言えば、誰かが何かを始めて、周囲の人がその人に付き従い始めることで、初めてそこにリーダーシップは生まれる、ということです。周囲がついていく、つまりそこにリーダーシップと対になるフォロワーシップが生まれなければ、リーダーシップは生まれません。リーダーシップはフォロワーシップと表裏一体になって同時に生成されるものなのです。

この「周囲が認める」という点に、日本のリーダーシップの問題があるように思います。なかなか、リーダーの登場を認めたがらない。だから日本のリーダーはほとんどが権力とひもづく形で登場するでしょう？　「権力とひもづくから（本当は嫌なんだけど）リーダーとして認めざるを得ない」ということです。

しかし、世界の歴史を振り返れば、世の中をひっくり返すような変革を導いたリーダーの多く、たとえばガンジーやキング牧師、マザー・テレサといった人たちは権力と無縁だったことがわかります。

なぜ、日本からは「権力に根ざさないリーダー」が生まれてこないのか？　この問題の根には「ルサンチマン＝やっかみ」があるのではないでしょうか。

日本と西欧における「リーダー」

西欧におけるリーダーの生成には強くキリスト教の「予定説」の考え方が作用していると筆者は考えています。また「ここではないどこか」への移動が常に求められる遊牧民や狩猟民には、「行くべき場所」を指図するリーダーへのフォロワーシップはコミュニティの存続に死活的なインパクトを与える問題だったでしょう。

やっかんでリーダーの足を引っ張るようなことをしていたら自分も不利益を被るわけで、そういう意味ではこれは文化的なリテラシーだと言えます。

ところが日本では、上から指名された訳でもないのに「ここはこうするべきだと思う」とか「これは問題だと思います」といったことを言ったりやったりし始めると、どうも周囲から「浮き」始めてしまう、というより周囲が「浮かせ」てしまう面があります。これは、上をたてることを美徳とする儒教の影響というのもあるのかもしれません。

一橋大学で歴史学を教えていた阿部謹也先生は「日本は西洋から『文明』を導入することには一応成功したけど『文化』の導入には失敗した。これが、日本が抱えている様々な不整合を生み出す遠因になっている」と『歴史家の自画像』（日本エディタースクール出版部）の中で言っています。

翻って考えれば、私たちが依拠している経営システムも海外から導入されたものですが、しかしその運営に絶対的に求められるリーダーシップは導入されておらず、また育成の仕組みを構築しようという意見もありません。

経済産業省が二〇一〇年に発表したグローバル人材モデルの要件には、語学力やコミュニケーション能力といったことが羅列されていますが、「リーダーシップ」については ほとんど触れられていません。

　要するに「リーダーが嫌い」なんだ、としか考えられないのです。

　ただ、これではリーダーはやはり生まれてきませんよね。何かやり始めたりした人がいて、その人のやっていることが正しいと思ったら、恥ずかしがったり空気を読んだりせず、素直についていくこと。このフォロワーシップこそが、日本のリーダーシップ育成の最大の鍵なのではないかと思います。


　最近、この「リーダーシップとフォロワーシップ」について、最も考えさせられたのが、『ドキュメント　宇宙飛行士選抜試験』（光文社新書）という本です。題名通り、ＪＡＸＡの宇宙飛行士選抜試験のプロセスのルポルタージュなのですが、試験の過程で受験者が発揮するリーダーシップとフォロワーシップ、そしてそれを評価する試験官の視点が非常に面白い。

　宇宙飛行士選抜試験において、受験者は、最終試験として模擬的に造られた宇宙ステーションの中に入り、一週間の間、チーム単位で過酷な課題をこなしていくという「閉鎖環境試験」を課されます。このチームには指名されたリーダー、つまり前述した意味での「権力者」は存在しません。課題ごとに、どのようにしてリーダーを決定し、フォロワーシップが生まれるか？　そこが大きな論点になってきます。

受かるのはごく数人ですから、誰でもリーダーシップを発揮してアピールしたいという衝動にかられます。しかし、試験官の視点は各人のリーダーシップがどのように発揮されるか、という点にのみあるわけではありません。「自分よりこの課題についてリードするにふさわしい」と判断した場合、即座にリーダーを補佐するフォロワーに回れるような柔軟なフォロワーシップを発揮できるかどうかも大きな着眼点になっています。

端的に、「宇宙ステーションに実際に行ったとして、この人はチームの一員として、チームのバリューを最大化させるような動き方ができるだろうか？」という点を見ているわけです。

リーダーシップとフォロワーシップを考えるにはとてもいい題材だと思いますので、興味のある方は、ぜひ読んでみてください。

いつも上機嫌でいる

もしぼくが、たまたま道徳論を書かねばならなくなったとしたら、ぼくが書くべき第一のものは上機嫌についてであろう。

アラン『幸福論』

筆者が企業のリーダーシップ開発ワークショップでよくやるエクササイズの一つに「ベストボス&ワーストボス」があります。

このエクササイズでは、参加者の一人ひとりに、これまでのキャリアで一緒に仕事をしてきた上司のなかから「最高の上司」と「最低の上司」を思い出してもらい、その言動を書き出していただきます。

このエクササイズによって書き出した「最高の上司」と「最低の上司」の言動を、自分の普段の言動と照らし合わせてみるというのが目的なのですが、どの企業でやっても必ず挙げられる「最低の上司」の言動の一つに「いつも不機嫌で声をかけづらい」というものがあります。

それくらい、メンバーにとってリーダーが不機嫌でいるというのは、仕事をやりづらくさせ、仕事環境を悪化させる要因になるのです。『幸福論』を著したアランことエミール・オーギュスト・シャルティエは、著書のなかで様々な「幸福に生きるためのコツ」を述べていますが、なかでも彼が最も重要視したのが「上機嫌であること」でした。

リーダーがいつも上機嫌であれば、メンバーは悩みごとの相談もしやすいはずです。悩みごとを早めに共有することは大きなトラブルを未然に防ぐことにつながるでしょう。

あるいはちょっと思いついたアイデアを口に出してみるかもしれません。不機嫌そうなリーダーの前で荒唐無稽なアイデアを口に出せばどんな叱責を受けるかわかりません。

結局のところ、**上機嫌なリーダーが率いるチームではメンバー相互間、あるいはメンバーとリーダーとの間での情報量が増加する**のです。

プロジェクトをあずかるリーダーであれば、いつも上機嫌でいることを心がけましょう。

「ビーイング」ではなく、まずは「ドゥーイング」を目指す

多くのリーダーシップ研究は、リーダーとしての特質、たとえば能力や人格に重きを置いています。リーダーは広い視野、高い視座を持ち、高い倫理観をもった人格者で、部下の人間性を尊び、周囲とも厚い信頼関係で結ばれている、という主張です。

こういう前提の上に立てば、リーダーになるのであれば、まずはこういった特質を身につけなさい、ということになります。いわば「ビーイング」が「ドゥーイング」よりも重要だという考え方です。確かにこれはこれでわかりやすい主張です。たとえばリーダーシップ論の教科書の定番であるジェームズ・クーゼスとバリー・ポズナーによる『リーダーシップ・チャレンジ』（海と月社）では、リーダーに求められる条件として左記の五つを挙げています。

1：正直
2：未来志向

3：情熱的
4：有能
5：フェア

一読すればわかるように、すべて属性に関する指摘です。この指摘は、数多くのフォロワーへのインタビューから抽出されたもので、とてもわかりやすく、また納得感のあるものです。

フォロワーはリーダーに対して、基本的な人間としての信用を求めているのであって、私たちが「すごいリーダー」と聞いて思い浮かべるようなカリスマ性やタフさ、雄弁さといった属性は求めていないということです。

しかし、ではこういった条件を指摘されたとして、プロジェクトを任されたリーダーは、明日から「正直」になれるでしょうか？　あるいは「未来志向」になれるでしょうか？　おそらく多くの人が戸惑うはずです。

なぜなら、これらの指摘はすべて「ビーイング」の有り様についての指摘であって、では何をすればいいのかという「ドゥーイング＝行動」についてのヒントがないからです。

リーダーとしての自分を開発していこうというとき、「ビーイング」を意識するべきなのか、あるいは「ドゥーイング」を意識するべきなのか？

この論点について、興味深い示唆を与えてくれるのが米国の心理学者・哲学者であるウィリアム・ジェームズの指摘です。

ジェームズは「**行動を変えれば習慣が変わる。習慣が変われば人格が変わる。人格が変われば運命が変わる**」と述べたと言われています。

つまりジェームズは、「ビーイングを変えたければ、まずドゥーイングを変えろ」と言っているわけです。この思想を端的に表しているのが、彼の「人は幸せだから歌うのではない。歌うから幸せになるのだ」という指摘です。

心を変えなくてもいい、まずは行動を変えようというのは、言ってみれば「プレイ」ということです。筆者が敬愛するみうらじゅん先生は、親孝行しようと思ってもなかなか照れくさくってできないという人のために「親孝行プレイ」をしろ、と素晴らしいアドバイスをしています。

筆者もまた、同様のアドバイスを送ります。それは「いきなりリーダーになるのは難しい。だからまずは『リーダープレイ』をやろう」ということです。心は変えられない、能力もすぐには高まらない。つまりビーイングはすぐには変化しないのです。

しかしドゥーイングであればすぐに変えられます。ポジティブなことを言う、部下を「いいね！」と言って褒める、笑顔を見せる、一生懸命に働く等々。そうしているうちに、やがて心の中に変化が芽生えてくるはずです。その変化をきっちりと意識してください。そうすることによってしか、人はリーダーにはなれないのです。

生まれつきのリーダーシップなどというものは幻想です。偉大なリーダーになった人は、誰もが、与えられた場所の中で、最初は戸惑いながら「リーダープレイ」を実践し、その中からリーダーとしての振る舞い方、考え方を学びとっていったのです。能力も人格もすぐに変えることはできません。まずは「リーダーとして適切な行動や発言」を心がけてみましょう。

一貫性をもつ

まず「ドゥーイング＝行動」を変えてみようとする際、意識しておいて欲しいキーワードが一貫性です。なぜならフォロワーは、リーダーに対して高いレベルの一貫性を求めているからです。

リーダーシップ開発のワークショップにおいて、「この人の下では働きたくないと思った上司の言動を挙げてください」とお願いすると、ほとんどの場合「言っていることとやっていることに一貫性がない」「方針やプライオリティがコロコロ変わる」「下に言っていることと、上に言っていることが違う」という指摘が挙がります。これらはすべて「一貫性のなさ」に関わる指摘として整理できます。

さて経営コンサルタントの波頭亮氏は、リーダーには一貫性が重要であると指摘した上で、さらにその一貫性のタイプを次の三つに分けて整理しています。

1：時間的一貫性：同じ人に対して、その時々で態度を変えない一貫した姿勢のこと。

2：関係的一貫性：対人関係において一貫してフェア（公平）な姿勢を保っていること。さらに、これには、垂直的関係（上司や部下との関係で共に一貫した姿勢を保つこと）と水平的関係（同僚のAさんにもBさんにも同じ態度、姿勢を保つこと）の2種類があります。

3：状況的一貫性：通常の状況と緊急事態やプレッシャーのきつい状況とにおける、人との接し方や行動スタイルの一貫性のこと。

　極論すれば、フォロワーというのは魅力的なリーダーに仕えたいわけで、では「**魅力的な人」の条件は何かというと「ブレない軸がある」ということ**です。状況や人間関係によって主張の内容や行動が変わるというのは、一種の場当たり主義、日和見主義であり、そういう人に対して人は信用を寄せないということです。

　信用は人間関係の基本であり、信用の成り立たない関係においてはリーダーシップもへったくれもありません。

トラブルはすべて「リーダーである自分の責任」と考える

　アメリカ合衆国第三十三代大統領を務めたハリー・トルーマン大統領の執務机のうえには「The buck stops here＝すべての責任はここで止まる」と書かれたプレートが置いてありました。米国大統領として、自分は米国がこうむるすべての災厄について、その責任を負うというトルーマンの壮絶な覚悟が感じられます。

　プロジェクトリーダーにも、同じ覚悟が必要だと思います。**プロジェクトにおいて起こったことは、常にプロジェクトリーダーである自分に責任がある**ということです。もちろん、メンバーの些細なミスや知識不足、判断力不足に起因するトラブルの場合、そのメンバーを叱責したい気持ちもわかります。しかし実際は、知識不足・判断力不足を見越して、仕事上の注意を促せなかったリーダーである自分のミスだと思うべきなのです。

　ミスを犯したメンバーを叱責することを、損得の両面から考えてもよいでしょう。叱責すれば、確かに同じミスをしないように注意するだろうとは思いますが、同時にそのメンバーの心は萎縮し、仕事のパフォーマンスは間違いなく低下するはずです。一方で、注意を促した上で、責任はリーダーである自分がとるから心配しなくていいよ、と言われればどうでしょうか？　普通の性根をもった人であれば、叱責されるよりも申し訳なく思って反省し、次からはしっかり注意して同じミスをしないようにしようと思うはずです。

　プロジェクトにおいて何かトラブルが起きたとき、メンバーを前にして「誰の責任なのか？」などと詰問するリーダーがままいますが、考えられないことです。他の誰でもないリーダーの責任です。失敗してしまうような仕事を与えてしまったこと、ミスを未然に防げなかったこと、これがリーダーの責任です。**責任をメンバーに押し付けて自分の身は守ろうなどという小賢しいことを考えているからメンバーの信頼をい**

つまでたっても勝ち得ることができないのです。誰の責任なのか、誰に責任をなすりつけるかなどと考えているから迷いも生まれるし判断の切れ味も悪くなるのです。

プロジェクトで何か起これぱその責任はすべて自分にある。たとえ直接的な原因が、メンバーによる信じられないぐらいイージーなミスであったとしても、その責任についてはリーダーである自分が負うのだという覚悟をいつでも持っていて欲しいと思います。

まずは「小さなリーダーシップ」でいい

多くの人は、自分が会社の変革、さらには社会や世界に影響を与えられる、とは考えていません。世界を変えるなんていうことができるのは、アメリカ大統領やアップルやグーグルのような企業の経営者であって、毎日会社勤めをしながら世知辛い悩みに身をやつしている自分に、そんなことできるわけがないよ、という考え方です。つまり、世界を変えるのは「大きなリーダーシップだ」という考え方です。

これはこれでわかるのですが、実は世界という船が大きく舵を切るきっかけになるのは、意外と「**小さなリーダーシップ**」なのではないか、というのが最近筆者が考えていることです。

たとえば米国の公民権運動は、たった一人の黒人女性＝ローザ・パークスが、バスの白人優先席を空けるように命じられた際、これを断って投獄された、という小さな事件がきっかけになっています。いわゆるバス・ボイコット事件です。

ローザは当時工場に勤めており、別に運動家だったわけではありません。この事件も、別に革命を起こそうとか公民権運動を主導しようといった意図があって起こしたわけではありません。ただ単に「席を立て」と言われた時に、自分の中の価値観やルールに照らして理不尽だと感じた彼女は、それに従わなかったということです。

ここで発揮されているのはごくごく小さなリーダーシップでしかありませんが、その小さなリーダーシップがやがてアメリカの歴史そのものを変えていくような大きなうねりになって全米の運動につながっていくことになります。

サイエンスライターのマーク・ブキャナンは、その著書『歴史は「べき乗則」で動く』（ハヤカワ文庫）の中で、第一次大戦勃発の原因となったオーストリア皇太子の暗殺が、皇太子を乗せた自動車の運転手の道間違いによって発生している事例を取りあげて、歴史というのは大きな意思決定よりも、どこかで毎日行われているようなちょっとした行為や発言がきっかけになって大きく流れを変えるという、カオス理論で言及されるところのバタフライ効果について論じています。その意味ではバス・ボイコット事件もバタフライ効果の発現と言えるかもしれません。

「世界を変える？　そんなのは政治家や大企業経営者の考えることだよね。僕にそんなこと、できるわけないじゃない」とほとんどの人は思っているかもしれません。

　ですが、このローザ・パークスの話は、もしかしたら、あなたのオリジナルな価値観に基づく行動や発言が、百年後の世界のあり様を「それがなかった時」とは大きく変えることになるかもしれないということを示唆しています。

　そう考えると「自分の中のルール」に従って、世の中に対してアンチテーゼを提案していくというのが、私たちの発揮できる「小さなリーダーシップ」の第一歩なのかもしれません。

メンバーを比較しない

ニューロリーダーシップ・インスティテュートのＣＥＯ、デイビッド・ロックは、最新のニューロサイエンスの研究成果から、自分が他者と比較されていることに気づくと、脳内で一種の「脅威反応」が生じてコルチゾール濃度が急上昇し、他の情報処理に手が（頭が？）回らなくなると指摘しています。

この指摘は、人が「比較されている、評価されている」と感じたときに覚えるストレスを思い出せば容易に理解できます。自分がもしかしたら高く評価されていないのではないか、他のメンバーよりも低く評価されているのではないかと感じたメンバーは大きなストレスを覚え、結果的にパフォーマンスをさらに低下させることになります。プロジェクトリーダーの仕事は、メンバーから最大の力量を引き出していくことですから、これは大きなマイナスということになります。

他人よりできていない、ということを指摘することで発奮を期待するという考え方をもつ人もいるようですが僕はその考え方に与しません。美しくないからです。相対的な序列を持ち出して各個人の上下関係を明確化させ、その上で発奮を期待するというのは受験と同じで、さらに言えばかつてのオウム真理教が用いていた動機付けシステムでもあります。

地下鉄サリン事件が発生した際、名だたる有名大学を卒業したエリートたちが、なぜオウム真理教に帰依したのかということが、様々なところで議論されました。

筆者が思うのは「システムが似ている」ということです。オウム真理教では、小乗から大乗、大乗から金剛乗という非常にわかりやすい階層を提示した上で、教祖の主張する修行を行えば、あっという間に階層を上りきって解脱することができる、と語られていました。まさに、受験エリートたちが塾で言われていたことと、同じことが言われていたわけで、そういった階層性、システマチックで効率的な成長理論であるからこそ、受験エリートたちはオウム真理教に惹かれていったのではないでしょうか。

話をもとにもどせば、メンバー間に階層をつくった上で、どうやったら上に上がれるかを示して発奮させるというのは、それはそれでアプローチとしてはあるのでしょうが、僕自身はそういった仕組みが好きではありません。そもそも受験勉強のような単純作業であればそれで効果を発揮するかもしれませんが、ホワイトカラーの多くが関わることになるプロジェクトのように非定型性の強い営みでは、そういった動機付けシステムは効力を発揮しないと思うからです。

メンバー同士を比較するのではなく、メンバー各人の成長に注目してあげること。大事なのは、個別メンバーの強みと弱みを理解した上で、それぞれ各人の成長を見る、ということです。成長を見るというのはつまり、同じ人の過去と現在を比較する、ということです。現在という時点におけるメンバー間を比較するのではなく、各人の成長を評価してあげることで、余計なストレスや緊張を感じさせることなく、思う存分に発想力や思考力を発揮してもらえるようにする方が、プロジェクトリーダーにとっては望ましいと思います。

アクティブ・ノンアクションに注意

忙しい、それなりの充実感もある、だけれどもどこかに空しさも感じている、というような場合、あなたは「**アクティブ・ノンアクション**」に陥っている可能性があります。アクティブ・ノンアクションとは、ロンドン大学教授のスマントラ・ゴシャールの命名です。

厄介なのは、この罠に陥るのは、組織の中で「出来る人」と評価されている人たちが多い、ということでしょう。しかもアクティブ・ノンアクションにはモメンタムがあって、一度その中にからめとられてしまうと加速度がついてそのまま走り続け、ついにはモメンタムの中にいることすら見失ってしまう傾向があります。

つまり、**そのままキャリアのピークを越えてしまい、あとになってから「あれ？」と気づくことになる**ということです。

筆者が大好きな作家、ミヒャエル・エンデの傑作『モモ』には、灰色のスーツを着た「時間泥棒」に少しずつ時間を奪われていく大人たちが描かれています。時間泥棒と戦うモモの姿にドキドキした人たちも、大人になって自分たちがアクティブ・ノンアクションの罠にからめとられて灰色のスーツの男たちになってしまっていることに、なかなか気がつきません。

ゴシャールの調査によれば、マネジャー層の約4割がアクティブ・ノンアクションに陥っていることがわかっています。結構な数の人たちが灰色のスーツの男たちになってしまっているわけですね。

そういえばローマの哲学者セネカもアクティブ・ノンアクションの危険性を指摘していました。

セネカはその著書『人生の短さについて』において、アクティブ・ノンアクションを絶妙に「**怠惰な多忙**」と表現しています。セネカは次のように指摘しています。曰く「多忙な人間は何事も十分に成し遂げることができない。多忙な人が『よく生きる』ことは稀である」と。

あるいは「諸君は永遠に生きられるように生きている。満ちあふれる湯水でも使う様に時間を浪費して」とも言っています。

そしてまた現代においても、たとえば経営者の行動を深く研究したヘンリー・ミンツバーグは「忙しい現代人に本当に必要なのは、知識やスキルを積み込むためのＭＢＡやブート・キャンプではなく、自分を内省する経験だ」と一貫して強く主張しています。

「毎日を多忙に過ごしているにもかかわらず、本当に人生にとって重要で意義があり、真の充足感をもたらしてくれる何かについて、自分は見えていないな」。こう思われたなら、もしかしてあなたもアクティブ・ノンアクションの罠にからめとられているのかもしれません。

リーダーの仕事は「目的」を決めること

日本におけるリーダーシップ論には、いくつか「神話」と言ってもいいような命題があって、それがまた実務に携わる人たちを混乱させる要因になっています。

その代表例の一つに「率先垂範」があります。辞典で調べてみると「人の先頭に立って物事を行い、模範を示すこと」となっています。

これを「リーダーのあるべき姿」と誤解して、文字通り実行している人が多いのですが、残念ながら多くの研究は**「率先垂範」によって、組織は活性化するどころか、むしろ停滞する**ことを示しています。

たとえば、筆者が勤務しているヘイグループは、世界中で毎年数万人のリーダーシップアセスメントを実施しており、その結果と組織の状態・業績の関係を統計的に分析しています。

その結果、組織のリーダーが率先垂範する度合いが高くなればなるほど、組織風土は停滞し、業績は低下するということが明らかになっています。もちろん、この結果は統計的な「傾向」に過ぎませんから、どのような状況であっても率先垂範すべきではない、ということではありません。

ヘイグループの研究からは、緊急性が高く、また部下の練度が非常に高い組織、たとえば軍隊における特殊部隊のような組織では、最も高いパフォーマンスを挙げるのは率先垂範型のリーダーであることがわかっています。

筆者はこれまでに度々、「リーダーシップには文脈依存性がある」と指摘していますが、率先垂範型は、多くの状況においては組織を活性化することはない、ということです。

先頭に立って物事を成し遂げるというのがリーダーの仕事ではないとすると、では何なのか？　簡単に答えられる質問ではありませんが、まず間違いなく言えるのは「**目的を定めること**」がその一つに含まれます。

「率先垂範」とは、行動によって模範を示すということです。一方で「目的を決める」というのは、言葉によってゴールを示すということです。リーダーの仕事は目的を決めることであって、その実現は可能な限りメンバーに任せるべきです。

ここで重要なのは、「目的を決める」ということと「手段を決める」ということを混同してはならない、ということです。なぜなら、手段を決めてしまうとメンバーのモチベーションは著しく低下してしまうからです。

南極越冬隊の隊長を務めた西堀栄三郎先生は、組織における「目的と手段」の関係について、手記の中で次のように書かれています。少し長いのですが、組織における手段と目的の関係について考えるにあたって、とても良い材料になると思うので引用しましょう。

> ある日のこと、隊員が私のところに「日曜日は休みにしてください」といってきました。「よし、それなら日曜日は休みにしてもいいと思うが、ここでは日曜日なんて意味ないんだぜ。文部省があるわけじゃなし、銀座があるわけじゃなし、何にもないんだから、嵐の日は休む、天気の日は働くというニコヨン流でやればいいのであって、そんなものは関係ないだろう」といったところが、「やっぱり暦の上に赤で日曜と出ていると、休んでいただかないと困ります」というので、それなら休むことにしようということになりました。
>
> 日曜日になりました。みんなどんなふうにするかと見ていましたら、いつもと同じようにちゃんと仕事をしているのです。ひがみ目かもしれないが、かえっていつもよりよくやっているみたいなのです。

晩飯のときになって、

「諸君が、日曜を休めというので、日曜をちゃんと休みにしたというのに、一体今日は何しているのだ？」

「いや、今日は休みです」

「休みって、君たち一生懸命仕事をしていたじゃないか、あれでも休みか」

「ええ、休みです。隊長、あなたは今日は命令しなかったでしょう。命令のない日は休みです」

というのです。

このやりとりを受けて西堀先生はリーダーシップに関して、ある悟りを得るに至ります。

仕事の目的というものと、それを達成する手段というものとは、これはきっちり分けておくべきである。そうして目的は絶対であり、隊長はそれを与えるべきものである。しかしその手段は自由である。それをやる人の自由に任せるべきです。それをはっきり分けることをせず、私はその手段までゴテゴテ言っていた。だからいかん。みんなに自由を与えなければいかん。

『石橋を叩けば渡れない』（生産性出版）

野生的な知性＝ブリコラージュを用いる

最近、多くの企業、それも日本を代表するような大企業から、「イノベーションを加速するための組織開発、人材開発を手伝って欲しい」というご相談をいただきます。

いろいろな経営者の方、研究開発部門の責任者の方とお話しする機会があるのですが、どうもイノベーションというものについては、相当誤解が蔓延しているなあ、という印象を持っています。

これはおそらく、ＭＢＡ的な、経営管理の側面が強い知識が普及したことの悪影響なのだと思うのですが、一言で言うと、**「イノベーションは体系化できる」という誤解を持っていらっしゃる方が多い**のです。そのため、我々のような会社に「その体系を教えてくれ」ということでいらっしゃるのです。でも、これは難しい。

スティーブ・ジョブズは、記者から「あなたはどうやってイノベーションを体系化したのですか？」と聞かれて、「そんなことはしちゃダメだ」と即答していますが、筆者もそうだと思います。

経営学の教科書とは逆に、人文科学全般の、あるいは自然科学における過去の大発見の過程は、イノベーションそのものをマネージすることはできない、ということを示唆しています。

イノベーションが起こりやすい組織をマネージによって生み出すことはできますが、イノベーションというのは花のようなもので、それ自体を人為的に生み出すことはできないのです。我々ができるのは、花が育ちやすい土壌と環境を整えて十分に栄養と日光を注いでやることだけです。

では具体的に、その体系化の中に、どんな誤解があるかということなのですが、大きなものの一つとして「用途市場を明確化してからイノベーションを目指すべきである」という仮説が挙げられます。

確かに、経営学の教科書をいくつかめくってみると、開発の初期段階からターゲット市場、ターゲットユーザーを明確化することが、ある種のルールとして書かれていることが多い。しかし、こんなことをしたらイノベーションは起きません。歴史をひも解いてみればすぐにわかることで、過去の偉大なイノベーションは、本来意図した用途市場とはまったく別の用途で、花開いているケースが多いのです。

たとえば飛行機。現在と同様の原理で飛ぶ飛行機を発明したのはライト兄弟ですが、では彼らが飛行機の発明によって、人や物資の運搬を行う今日の航空産業を思い描いていたかというと、実はまったくそうではないのです。

ライト兄弟は、飛行機の発明によって戦争を終わらせたいと考えていました。航空機が真に民主的な政府の手に渡れば、偵察の範囲も広がるために奇襲等も不可能になり、戦争の抑止機能になるだろうと考えたのです。しかし実際にはご存じの通り、飛行機は、米国による広島、長崎への原爆投下やヴェトナムへの枯葉剤散布等、人類史にも例を見ないような残虐行為に用いられることになります。あまり知られていないのですが、ライト兄弟は、最終的に飛行機を発明したことを悔いていたのですよね。

もっとわかりやすい例で言えば蓄音器でしょう。これはエジソンが発明したわけですが、エジソンは、蓄音器の用途として「速記」や「遺言の記録」といったことを考えていたようで、これが音楽産業という巨大な市場になるとは夢にも思っていませんでした。

何の役に立つのか、よくわからないもの

「じゃあ用途市場を明確化せずに、無駄なことでも許容して研究するべきなのか？」ということになるわけですが、さすがに、どんなものになるのか見当もつかない研究をやっていたら会社も持たないでしょう。

ここで重要になるのが「**何の役に立つのかよくわからないけど、何かある気がする**」**というグレーゾーンの直感を大事にする心性**です。これは人類学者のレヴィ・ストロースが言うところの「**ブリコラージュ**」です。

レヴィ・ストロースは、南米のマト・グロッソのインディオたちを研究し、彼らがジャングルの中を歩いていて何かを見つけると、その時点では何の役に立つかわからないけれども、「これはいつか何かの役に立つかもしれない」と考えてひょいと袋に入れて残しておく、という習慣があることを『悲しき熱帯』という本の中で紹介しています。

そして、実際に拾った「よくわからないもの」が、後でコミュニティの危機を救うことになったりすることがあるため、この「後で役に立つかもしれない」という予測

の能力がコミュニティの存続に非常に重要な影響を与える、と説明しています。

この不思議な能力、つまりあり合わせのよくわからないものを非予定調和的に収集しておいて、いざという時に役立てる能力のことを、レヴィ・ストロースはブリコラージュと名付けて近代的で予定調和的な道具の組成と対比して考えています。

レヴィ・ストロースは、近代的で予定調和的な思想よりも、それに対比される、より骨太でしなやかな思想をそこに読み取ったわけですが、実は近代思想の産物と典型的に考えられているイノベーションにおいても、ブリコラージュの考え方が有効であることが読み取れるのです。

筆者はこの野性的でしなやかな知性＝ブリコラージュの能力が、現代企業のイノベーションにおいても重要なのだと思います。

「犯人捜し」より「原因探し」を

日本では何かの失敗が起こると「責任追及のため」と称して原因究明が始まります。再発防止のためなどと言いますが、ほとんどの場合、それは本音ではありません。

再発防止のためには根本的な原因までさかのぼって事故を分析する必要がありますが、実際には業務上過失致死、業務上過失傷害で短兵急に関係者を処分し、それで一件落着としてしまうケースが多い。要するに犯人捜しの仕組みなのです。

法律を運用する人間は、失敗に直接関わった個人に責任を負わせようとするばかりで、その事件を発生させるに至った組織や社会の枠組み自体の問題を追及するという考え方を持っていないようにみえます。

ロスアラモス国立研究所のマクローリンは、日本の原子力の扱いがあまりに形式的になっていること、それ故、近い将来重大な事故が起こるリスクがあることを警告する手紙を日本に送ったところ、偶然、その五日後に東海村ＪＣＯ臨界事故が発生しました。

事故後、マクローリンは米国の調査委員になり、日本へ調査に来ています。ところがここで彼は愕然とすることになります。

関係者の誰もが「本当のことを語らない」からです。

なぜかと言えば単純で「こういうヤバいことをやっていた」と話せば、業務上過失に問われるからです。日本の法律の基本的な「有罪」の構成原理は「予見可能性」と「回避措置の有無」です。

つまり、「ヤバいことが起きそうだとわかっていた」かどうか、というのと「それを避けるためにやれるだけのことをやった」かどうか、この両方が成立すると、「ギルティ！」ということです。

一方、米国には司法取引や免責措置という仕組みがあります。盲目的に米国の仕組みを礼賛するような風潮はどうかと思いますが、この点については、いまの司法制度が米国に学ぶべき点はあるのではないでしょうか。

米国の仕組みは「犯人捜し」よりも「原因究明」に軸足をおいています。「いったいなぜこのような悲惨な事故が起こったのか？」という点について、「あんたのことはもう責めない。それは約束するから、いったいこの組織のなかでどういうことが話され、行われていたのか、一切合切僕らに話してくれ」という取引ができるということです。

実は、日本でも少数ながらもそういう前向きな取り組みが行われたケースもあります。たとえば一九七〇年に三菱重工長崎造船所で起きた大型タービンロータの破裂事故がそうです。この事故自体は、四人の死亡者、六十一人の重軽傷者を出した悲惨なものですが、事故がタービンの設計・製造技術の進歩に与えた影響は絶大なものがあります。

この事故の従前、タービンロータの破裂事故は度々発生しており、多くの犠牲者を出していましたが、この事故で得られた徹底的な知見が世界に発信されて以来、世界中でタービンロータの破裂事故はほとんど起こらなくなりました。

長崎造船所で作られていたタービンロータは重さが50トンにもなる「鋼鉄の塊」でした。タービンなので、当然回転させられるわけですが、事故は定格回転数の20％増しである３６００回転に向けて回転数を増速させている最中、回転数が３５４０回転になったところで発生しました。不思議なことに、どのタービンも破裂事故を起こすときは四つに破裂することが経験的にわかっていますが、このときも、50トンになるタービンは文字通り「四散」してしまったのです。飛散した破片のうち11トンの部分は、１・５キロ先まで飛んでいきました。

一方、９トンになる部分は、工場から０・８キロ先にある長崎湾に落ちました。残りの破片二つのうち一つは、造船所の地面に突き刺さり、最後の破片が工場の中を引っ掻き回して多くの死傷者を出したのです。破裂の原因は、鋳造時の「あぶく」にあることが現在ではわかっていますがここでは詳述しません。

注目すべきは検察の対応です。三菱重工は事故調査に全面的に協力するとともに、当時の技術としては「できる限りの対応をした」上での事故であったと主張しました。

　この主張を受け、検察は業務上過失傷害と過失致死での立件をとりやめ、その代わりに「なぜこの事故が発生したのか」という技術的な解析に全力を尽くし、その結果を世界に向けて発信することで技術の進歩を促すことを決断しました。

　この事故とその結末は、技術の進歩が、技術そのものによってもたらされるのではなく、社会や、会社、司法も巻き込んだ上で、それぞれがそれぞれの立場で「技術を進歩させる」ということに向き合うことが大事なのだと示唆しています。裁判員制度みたいな表層的なものを取り入れて、司法改革していますよ、というようなゼスチャーはもううんざりだと思いませんか？　もっと本質的な、社会という巨艦を、少しでもいい方向に動かすような舵にならないものでしょうか。

「脳」をコントロールする

前項では、一流と言われるプロジェクトリーダーは、トラブルが起きた際、「ともかく『問題解決』に前向きに取り組む」と指摘しました。

これは逆に言えば、凡庸なリーダーの多くは、トラブルが起きた際、思わずカッとなってしまって、トラブルを起こしたメンバーを他メンバーの前で叱責したり、「どうしてこうなっちゃったの？　どうするつもりなんだよ？」などとネチネチ質問攻めにしてしまいます。

そんなことをやっても問題は解決しないし、むしろリーダーとしての人格や資質について、周囲からより濃厚な疑問符を付されるだけだということは、当人にもわかっているのに、思わずやってしまうのです。なぜ「わかっていてもやってしまう」のでしょうか？

この点を考察するにあたっては、私たち人間の脳の仕組みについて理解する必要があります。

私たちの普段の言動は、理性によって制御されています。この理性を司っているのが大脳新皮質という部分になります。綺麗な女性を見て思わず抱きつきたくなってしまっても、ほとんどの人はそういった衝動を制御することができるわけですが、それは大脳新皮質が「そんなことをしたらどうなるか？」ということをちゃんと考えているからです。

危機と脳

さて、私たち人間の祖先は、長い進化の歴史の中で、度々他の動物に捕食されたり天変地異に遭遇するという「生命の危機」を乗り越えてきました。目の前の茂みから巨大なトラがこちらに向かって飛び出してきたというようなとき、大脳新皮質の理性的な判断を待っていたら食べられてしまいます。

こんな時には、兎にも角にも一目散に逃げなければいけない。人間の脳というのは恐ろしく精妙にできていて、このような状況では、大脳新皮質を迂回して「とにかく一目散に逃げろ」という指令を全身に送ります。

いま私たちがこうやって生を営んでいるのは、当たり前のことですが、私たちの祖先がこういった危機を乗り越えて生き延びてきたからです。これはつまり、私たちの脳には「危急の際に、大脳新皮質を迂回して、衝動的な行動を起こすようにプログラムされている」ということです。ここが非常に厄介なところです。

というのも、今現在の日本で生を営んでいる私たちには、目の前の茂みから巨大なトラが飛び出してくるとか、隣の部族からいきなりヤリで襲われるといったことは、ないわけです。つまり、迂回プログラムの発動が本来的に望まれるような状況は、滅多にない。

多くの場合、このプログラムが発動するのは、発動が望ましくない状況、つまり社会的なトラブルが発生した時です。プロジェクトのメンバーがトラブルを起こした、というような状況で、本来であれば大脳新皮質に理性的な判断を委ねるべきところを、私たちの脳は、進化の過程で生き残るため生み出したプログラムによって乗っ取られてしまい、本来であれば望ましくない言動を取ってしまうのです。

どのような状況にあっても感情を制御し、「**今、ここでやるべきことは何か？**」に意識を集中させる力、これがいわゆる「心の知能指数＝ＥＱ」です。よく知られている通り、社会的な成功の度合いや幸福感の度合いとＩＱには、統計的な相関が見られません。

昨今の日本では、論理思考やクリティカルシンキングといった「知的能力」が、社会的な成功のためには必須だといったニュアンスで語られますが、**実はこういった知的能力と社会的な成功にはほとんど関係が見られない**ということが多くの研究では実証されています。一方で、ＥＱは社会的成功、幸福で豊かな人生には必須のものと考えられています。

プロジェクトでは必ず様々なトラブルが起きます。その度にいちいち迂回プログラムを発動していれば、プロジェクトメンバーとリーダーとの関係は崩壊し、プロジェクトは必ず頓挫します。

一流のプロジェクトリーダーが、必ず「向き合っているトラブルの解決」にフォーカスを合わせるというのは、つまり、彼らが脳をコントロールしているということなのです。

ではどうすればいいのか？　詳しくはダニエル・ゴールマンによる『ＥＱ　こころの知能指数』（講談社＋α文庫）を読んでいただきたいのですが、ここで一つだけ筆者自身がやっているコツを述べれば、トラブルが起こって思わずメンバーを叱責しそうになった時などは「ああ、今まさに俺の脳は迂回プログラムに乗っ取られつつあるなあ」と、自分を第三者の視点から客観視してみるのです。そうすることで不思議と落ち着きを取り戻すことができますから、ぜひ試してみてください。

トラブルはリーダーの本質を暴く

トラブルが起きたときにどのように振る舞うか、メンバーはよく見ています。なぜなら、**トラブルが起きたときにこそ、そのリーダーが有している人間性の本質が表れる**からです。

筆者がまだ電通に勤めていたときにこんなことがありました。ある大口クライアントのキャンペーンにおいて、準備万端（のつもり）で迎えたキャンペーンの初日に、現場から「販促用のツールが届いていない」というクレームや問い合わせが本部に殺到したのです。

調べてみると、全国の店舗に配送されているはずの販促ツールが、担当メンバーの連絡ミスでまだ倉庫に置かれたままだということがわかりました。

このとき、プロジェクトのリーダーを務めていたのは筆者の直属の上司だったのですが、この担当メンバーとリーダーのやりとりが忘れられません。

メンバー：「すいません、僕のミスで販促ツールが一個も店に届いてません。申し訳ありません……」

リーダー：「○○くん（担当者の名前）、こんなときに一番大事なことって、なんだかわかるか？」

メンバー：「……？　わかりません、なんでしょうか？」

リーダー：「バカ、笑顔だよ。笑顔を忘れるな。みんな、状況はこの通りだ。起きちゃったことは仕方がない。どうすればこの難局を一番鮮やかに解決できるか、皆で知恵を出して欲しい！」

この事件の後、チームメンバーのリーダーに対する信頼感がグッと強固になったことは言うまでもありません。このリーダーとは、仕事面ではつながりがなくなって十年以上になりますが、未だに人間的なつながりは切れていません。

世の中には「リーダーはどう振る舞うべきか」といった浅薄なノウハウに関する情報があふれています。こういった情報に接していれば、表面的には「リーダーらしさ」を演出することは可能でしょう。

しかし、トラブルのときはそうはいきません。先述した通り、人間の脳には緊急時に理性を迂回して本能的に反応するシステムが組み込まれています。だからこそ、トラブルのときにどう対応できるかにリーダーが本質的に有している人格が表れてくるのです。

　リーダーシップ開発のワークショップにおいて、「どんな人にリーダーシップを感じますか？」という質問をすると、「腹が据わっている」「胆力がある」「軸がブレない」「前向き」といった指摘が多数なされます。

「では、どういう状況で『腹が据わっている』とか『胆力がある』と感じたのですか？」という質問をすると、ほとんどは「大きなトラブルが起きたときのリーダーの言動を見てそう思った」という回答になります。

　トラブルが起きたときこそ、無垢純金のリーダーとメッキのリーダーを峻別する局面です。メンバーは、トラブルのときにリーダーがどう反応するか、その反応次第で、心からこの人についていこうと思うか、表面的に上司部下の関係でつつがなくすごせばいいやと思うかを決めているのです。

　トラブルに直面したとき、ここから数時間の自分の一挙手一投足、口に出す言葉次第で、リーダーとメンバーの間の「信頼」は、コンクリートのように強固にもなりうるし、ビーチの砂のように脆《もろ》くもなりうるのだと思ってください。

おわりに

ここまでお読みいただいた皆さんに、まずはお礼を申し上げたいと思います。皆さんの人生が、本質的な意味で、より豊かで生産性の高いものになるようなヒントを見つけられたでしょうか。

さて、私がキャリアカウンセリングの際に、いつも相手によく考えてくださいと伝えている話があります。それは、身につけるスキルには三種類あって、本当に自分の身を助けてくれるのは三番目のスキルだけですよ、という話です。

一番目は「その会社で評価されるスキル」です。

たとえば伝票処理や受発注などのオペレーションや書類作成は典型例ですし、その会社ならではの会議準備や根回しなどがあれば、そういったスキルもこれに含まれることになります。

二番目は「その業界で評価されるスキル」です。

たとえば消費財メーカーにおける商品企画や素材メーカーにおける検品や調達戦略の策定などがこれにあたります。

そして最後の三番目が「どの業種であっても評価されるスキル」です。たとえば論理思考やファシリテーション、プレゼンテーションといったスキルが典型例で、本書でこれまでずっと説明してきたプロジェクトマネジメントもまた、この三番目のスキルに該当します。

さて、皆さんは「会社の寿命三十年説」という俗説を聞いたことがあるでしょうか？　もともとは経済誌の日経ビジネスが、一九八三年に明治時代以来の企業統計を分析して誌上で発表し、その後人口に膾炙《かいしゃ》するようになったものです。

そしてちょうど三十年後の二〇一三年、日経ビジネスは当時と同様の分析を行い「寿命は十八年に短縮化している」ことを発表しました。計算の仕方にもよりますが、大雑把に言えば六掛けになっているということです。この数字の是非はともかくとして、おそらく会社や事業の寿命が今後さらに短縮化するだろうという考え方には、多くの方が同意せざるを得ないでしょう。

こういう状況になると、働く側の個人も働かせる側の企業も、発想の転換が必要になってきます。働く側の個人からすれば「今働いている会社は早晩なくなる」という前提で仕事をすることが必要になってきますし、働かせる側の企業からすれば「私たちはいずれ消滅する」という前提で人を雇う必要があります。

そして、その帰結として、両者がともに考えなければならないのは、

「この会社だけで通用するスキルを教えても、そのスキルはいずれ〝スキルの不良資産〟になるだけだろう。いかにして、たとえ会社がなくなっても、いや業種そのものがなくなっても、個人が楽しく仕事をして豊かに生きていけるような〝良質でしたたかなスキル〟を身につけるか」

ということです。

そして、ここまで読んでいただいた皆さんにはおわかりのとおり、プロジェクトマネジメントのスキルというのは、もっとも業界横断的に活用が可能であり、かつ「持つ者」と「持たざる者」とのあいだに大きな差を生むことになるスキルだということです。

業界横断的だということについては説明の必要はないと思いますが、後者については少し注釈をしておいたほうがいいかもしれません。

業界横断的なスキルとしては他にも論理思考やファシリテーション、プレゼンテーションのスキルなどがあります。しかし筆者は、これらのスキルよりもプロジェクトマネジメントのスキルのほうが、ずっと「持つ者」と「持たざる者」との格差につながると思っています。なぜかというと、前者のスキルはあくまで「個人として成果を

出すためのスキル」であるのに対して、後者のスキルは「組織として成果を出すためのスキル」であるからです。

多くの人は、キャリアのどこかの段階で、個人として成果を出す責任から組織として成果を出す責任へとシフトします。組織として成果を出す段階にきているにもかかわらず、論理思考やプレゼンテーションといった個人技を見せつけたいために部下の仕事を取り上げるということをしていると、いわゆる「残念なマネージャー」ということになり、その人のキャリアがそこで停滞することになります。

つまり、プロジェクトマネジメントのスキルというのは、一般に考えられているよりも、ずっと大きなインパクトを、それを身につけた人の人生に与えるのです。

読者の皆さんに、本書をきっかけにしてプロジェクトマネジメントに興味を持っていただき、それが結果的により豊かで充実した皆さんの仕事人生につながることを祈りつつ筆をおきたいと思います。ありがとうございました。

二〇一六年二月

山口　周

本書は小社より２０１６年3月に刊行された
『外資系コンサルが教えるプロジェクトマネジメント』の新装版です。

山口周（やまぐち・しゅう）

1970年、東京都生まれ。独立研究者、著作家、パブリックスピーカー。電通、ボストン・コンサルティンググループ、コーン・フェリー等で企業戦略策定、文化政策立案、組織開発・風土改革等に従事した後、株式会社ライプニッツ設立。現在、同社代表。株式会社中川政七商店、株式会社モバイルファクトリー社外取締役。著書の『世界のエリートはなぜ「美意識」を鍛えるのか？』は2018年ビジネス書大賞準大賞受賞。慶應義塾大学文学部哲学科、同大学院文学研究科修士課程修了。

新装版《しんそうばん》

外資系《がいしけい》コンサルが教《おし》えるプロジェクトマネジメント

2023年6月25日　第1刷発行
2024年9月10日　第4刷発行

著　　者　山口《やまぐち》 周《しゅう》
発 行 者　佐藤 靖
発 行 所　大和《だいわ》書房
　　　　　東京都文京区関口1-33-4
　　　　　電話03-3203-4511

ブックデザイン　山之口正和＋齋藤友貴（OKIKATA）

本 文 印 刷　新藤慶昌堂
カバー印刷　歩プロセス
製 本 所　小泉製本

ISBN 978-4-479-79785-2

http://www.daiwashobo.co.jp/